田村流あきらめるゴルフ

はじめに

「それはちょっとセオリーとは違うのでは!?」

私がプロアマ競技などでレッスンをさせていただいているときに、よく耳にする言葉です。たしかに、私が言うことは、一般的なゴルフスウィングのセオリーとされている内容とは異なる場合が多いようです。

それは、そうかもしれません。子供のころに趣味としてゴルフを始めた私は、遅くとも中学生のときには「ゴルフスウィングでセオリーとされていることは、算数や理科で考えたら、なんかおかしいことが多いなあ」と思うようになり、それ以来、ゴルフスウィングをゴルフ理論では考えなくなったのですから……。

そもそも、昔のドライバーはヘッドの大きさは200cc、長さは43インチ、重量は300グラム台の後半、というのが一般的でした。それがいまは、それぞれ460cc、46インチ、300グラム以下というのが一般的。まったく別物のクラブを振っている、と言っても過言ではありません。それなのに、昔からセオリーとされてきたものが、いまでもセオリーとされていることが多いですし、昔からのセオリーに毛が生えた程度のものが多い。私に言わせれば「以前からおかしかったものを、道具が変わったいまでもセオリーとするの!?　それを真に受けたら上手くなるはずない」なのです。

たとえば、昔は、運動時には「なるべく水を飲むな！」、野球のピッチャーは「肩を冷やすな！」とよく言われました。ところがいまは、喉が乾く前に水分をしっかりとる、なるべく早く肩をアイシングする、と勧められます。人間の体の構造が変わったわけでもないのに、セオリーが変わったのです。道具が変わったゴルフで、セオリーが変わらないのはおかしいと思うのです。

私は、子供のころに父親から「ボールが曲がるうちは、人に迷惑が掛かるからコースには連れて行けない」と言われ、子供ながらに、どうしたらボールが曲がらないかを考えて、いまのスウィングの基を築きました。世間一般では、ジュニアのうちは「球が曲がってもよいからとにかく飛ばせ！」と間違いなく言われますが、私だけがその逆を行っていたのです。

そして、身長が高くなっただけで、半世紀近く経った現在でも、当時からスウィングはほとんど変わっていません。変わったのはクラブとボールの構造です。どう変わったかというと、クラブもボールも球が曲がりにくい方向に変わったのです。

もうおわかりでしょう。クラブとボールの進化が、私のスウィング理論の方向に、近づいてきてくれたのです。もちろん、将来を予見したわけではなく、たまたまですが……。そしてこの「たまたま」が、プロゴルファーとしてシニアツアーで戦ってみようと最終的に決断させた大きな要因にもなりました。なぜかというと、私がこれまでに打った球数は、どのプロゴルファーよりも極端に少ないですが、いまのクラブに合う打ち方をいちばん長く続けているのは自分だろう、という確信があったからです。

みなさんも、ゴルフ以外でこんな経験があるでしょう。新入社員などに「なぜそういうやり方なんですか？　こっちのほうが簡単ですよ」と言われて、「とにかく先輩からそうやって教えてもらったんだから」としか答えられなかったことが……。

さあ、みなさんも、頭にこびりついているスウィングセオリーとやらを、一度空っぽにして、本書を読んでみてください。私が実践してきた「無理をせず、苦労をせず、がんばらなくてもゴルフが上手くなる」ヒントを、包み隠さず書いたつもりです。所詮、ゴルフスウィングにこれといった正解はないのですから、この本で、ぜひ自分探しの旅をしていただきたいと思っています。

プロゴルファー　田村尚之

回って、遠心力で振るだけ！

ドライバー正面

ドライバー後方

ハンドレートで構えてクルッと

アイアン

ウェッジ

田村流「あきらめる」ゴルフ／目次

第2章　飛ばしと球の操り方

第3章　グリーン周りの攻め方

第4章　田村流 トラブル解決術

第5章　田村流 心と体の整え方

第6章　Q&A　18ホール

本書は『週刊ゴルフダイジェスト』の連載「脱力サロン」（２０１５年２月24日号～２０１６年３月８日号）と、マンガ誌『ボギー』の連載「田村ゴ録」（宮城シンジ・作、２０１５年８月号～２０１６年５月号）をまとめ、再構成したものです。

装丁／三浦哲人　画／宮城シンジ
表紙写真／有原裕晶
組版／スタジオパトリ
写真／ゴルフダイジェスト社 写真室

第1章

遠心力打法の基本

1 いかに気持ちよくスウィングできるかが大事

「田村さんって、面白いスウィングしますよね」って、最近よく言われます。それだけ、私が変わったスウィングをしているんですかね。でも、数年前までは、自分のスウィングが変則だという意識はまったくありませんでした。なぜなら、自分のスウィングを見たことがなかったから。たぶん、タイガー・ウッズのスウィングに似てるんじゃないかな、って思っていました（笑）。

そもそも、このスウィングになったきっかけは、父親の影響です。小学生のとき、サラリーマンだった父に、早くラウンドに連れて行ってほしいと言っても、ボールが曲がるうちは同伴プレーヤーに迷惑がかかるからダメだと、なかなかコースに連れて行ってもらえなかったんです。

だから、子どもなりに考えました。**フェースを開いたり閉じたりしなければ、ボールは曲がらないんじゃないかって。**それが、いまのスウィングを作った礎です。

とくにテークバックは、**フェースがボールをずっと睨むかのように、シャットに上がります。そして、テークバックの途中で急に手やクラブが上に上がっていく。**大人にとっては変則でも非力な子どもには、これがいちばん簡単で気持ちいいテークバックだったんです。重力がかかっているから、非力な子どもでは重いパーシモンのクラブを、スウィングプレーン上に上げられません。真上に上げるほうが楽に上がる。

こう書くと、「なんだ、子どものときからやっているから上手いのか！」と思われるかもしれませんが、必ずしもそうとは限りません。逆に子どものときの感覚が邪魔をして、大人になるにつれてスウィングがバラバラになり、そのまま立ち上がれなかった選手を何人も見ています。要は、**いかに気持ちよくスウィングできているか、これが大事なのです。**

ポイント

フェースの開閉をしないほうがクラブを楽に上げられる

テークバックはフェースがボールをずっと睨むかのように、フェースの開閉をせず、シャットに上げる。

プロじゃないんだから、気持ちよく振れないスウィングに強制的に直す必要もない。プロだって強制的に直したスウィングは、試合の究極の場面では役に立たないことが多いものです。どうしても「我」が出ちゃうんですね。それを克服するには、壮絶な練習量がいるはずです。

それからもうひとつ、私のスウィングの特徴は、**かかと体重で遠心力を使って飛ばすこと**です。かかと体重で突っ立っているから、遠心力を使えて腰痛にもなりにくい。がんばらないから、いいことづくめなんです。

ポイント

かかと体重のほうが自然!

足はかかと側に付いているので、かかと体重が自然。インパクト付近では、遠心力でヘッドが引っ張られることからも体の後ろ側に重心があるほうがいい。

さて、冒頭に「私のスウィングは面白いと言われる」と言いましたが、昔から長きにわたってトップで君臨し続けたプロに、きれいなスウィングの人はいたでしょうか？　こう聞くと、「そんなにいないなぁ」と、思うんじゃないでしょうか。

みなさんも、「変なスウィングだね」と言われても、自分で自分のスウィングは見えないんですから、思いつめることはありません。大切なのは、いかに気持ちよく振れるかどうか。スウィングの見た目に悩むようなら、ビデオで自分のスウィングを見ないことですよ。

上達のヒント

自分にやれることしかやらない。これが上手くなるコツ。

② ゴルフは定理や事実で考えたほうがやさしい

私のスウィングの特徴は、**かかと体重で遠心力を使って飛ばすこと**と言いました。しかし、それはまったくセオリーと違うと驚かれる方もいるでしょう。たしかに、雑誌のレッスン記事などでは、「アドレスはつま先体重」と書かれたものを目にすることが多いですよね。というか、かかと体重と言っているのは私だけかな⁉

ところで、なぜゴルフのアドレスでつま先体重にしろと言われることが多いのでしょうか。私が思うに、少しひざを曲げてちょっと前傾になるゴルフの構えは、「気をつけ」の姿勢よりも、少しつま先側に体重がかかるという、ただそれだけのように感じます。

しかし、そのつま先体重というのは、あくまでも感覚的な話なのではないでしょうか。たとえば北海道から来た人は、「東京は暖かいところ」と言うでしょう。逆に沖縄から東京に来た人は、「東京は涼しいところ」と言うでしょう。

ゴルフはこういった「感覚」の話が「セオリー」となることが多いからややこしいんです。とくに、著名なプロゴルファーやレッスンプロが言う内容が、セオリーとして蔓延することが多いようです。そういった影響力の強い人が北海道から来た人だったら、「東京は暖かいところ」というのがセオリーになってしまうのではないでしょうか。

感覚的な表現というものは、非常にあいまいな部分を秘めています。私が唱えるかかと体重も、測定器で測ったわけではありませんし、正解とは限りません。ただ、足はかかと側に付いているという事実に基づいて話しています。また、ゴルフのスウィングは基本的にその場での運動です。インパクト付近で遠心力によってヘッドが体の正面側（前側）に引っ張られるわけですから、少なくとも体の後ろ側に重心がないと、体が前に倒れてしまうはずと考えているのです。

この先にも、「セオリーとは違う」と思われるようなことがたくさん出てくるかと思いますが、それは、私がゴルフを算数や理科で証明された定理や、明らかになっている事実を基に考えているからです。そのほうが、正解らしきもの＝自分に合った打ち方が見つかりやすいですし、無理をしない振り方ができると思うのです。

上達のヒント

セオリーにこだわらない。上手く打てればいい。

③ ハンドレートでアドレスする

アドレスで「ハンドファーストに構えるのが正解」とよく言われますが、私はここでも、セオリーとは逆。**グリップは体の真ん中、ハンドレートで構えます。**

ハンドレートに構える理由は、ふたつあります。

ひとつ目は、右打ちのゴルファーの場合、普通に握ればグリップは左手より右手が下に来ますよね。まずこれが、ゴルフを難しくしている原因です。ふたつ目は単純明快、ヘッド軌道の最下点で打ちたいから。算数や理科の定理で考えるとこうなります。

まず、ひとつ目の理由を説明しましょう。

ゴルフは自分の体の向きの真横にボールを飛ばすものですよね。もしグリップを、右手、左手、同じ高さで重ね合わせて握ることができれば、両肩とグリップで作る三角形は、グリップを頂点とした二等辺三角形になるので、ボールの位置は真ん中で、体の真横に簡単にボールを飛ばせるはずです。でも、右手が下になると、左右が非対称になり、この両肩とグリップで作る三角形の右手の「辺」が左手の「辺」より短くなります。算数では三角形の頂点は、短いほうの辺側に寄るものでしょう。

私はがんばらず、振り子のイメージで振りたいので、肩を地面や飛球線と平行にします。それで**体を開かないようにするには、ボールとグリップの位置を真ん中か、少し右が自然な位置**だと思うんです。そう考えると、自然にハンドレートの構えになるわけです。

ポイント

グリップは体の真ん中か少し右になるように構える

ボールはいつも体の真ん中かやや右側に置く。ハンドファーストに構えると、アドレス時からすでに下半身と上半身がずれ、肩が開いた構えになりやすい。

○

×

ふたつ目の理由は、スウィングはそれなりに縦の円運動なので、ヘッドが最下点に来たところで、遠心力が最大になるはずです。

ブランコを想像してみてください。最下点に来たときがいちばん速いはずでしょ。この最大になる遠心力をスウィングでも利用したい。だから、この構えなんです。

上達のヒント

いちばん自然なアドレスは、ボールも、手元も、真ん中。

4 ボールと体の周辺の狭い範囲だけを意識して構える

コースに出ると、スタンスの向きばかりに意識が行っているアマチュアを多く見かけます。たしかに、スタンスの向きは大切ですが、仮に目標方向を向いていても、ボールの位置が左過ぎたり右過ぎたりしていては、ナイスショットは望めません。体に対して、ボールや手の位置、またその角度がバラバラになっているからです。アドレスでは、「体とボールの位置関係」への意識も忘れてはいけません。

アドレスするとき私はまず、自分の体の真ん中（あるいはちょっと右寄り）に手とボールをセットし、**体の向きとボールとを直角に結んだ「逆T字」の形を作り、そこからボール中心にコンパスのように少し左右に回転しながら、目標に対して方向を合わせる**ようにしています。これなら多少方向がズレたとしても、ミスショットは出にくい。なぜなら、つねに体の正面で直角にボールをとらえる下地ができているからです。

単純に言うと、周りの景色を消して、ボールと体の周辺の狭い範囲だけを意識してアドレスします。

ティショットの場合は、ティを刺す位置にも注意が必要です。ティグラウンドは、ティマークの向きや芝の切れ目の向きなど、方向性を狂わせる多くの要素が潜んでいますし、必ずしも平らとは限りませんしね。

ポイント

いつもボールに対して「逆T字」を描いて構える

まずは「スタンスライン」と「体からボールへの線」が、自分から見て「逆T字」になるようにセットする。これを崩さずに目標に対して、体の向きを決めていくと、いつでも体の正面でインパクトできる構えを作ることができる。

ところで、もしアナタがレッスンを受けていて、コーチから「もう少しボールと離れて」と言われたら、どのように動きますか？　恐らく、大抵の人はスタンスをボールから遠ざけるでしょう。しかし、これだと、スタンスとボールとの距離は遠くなりますが、体が前傾してしまうので、体とボールの距離は逆に近づいてしまいます。

そして、重心が前側（つま先寄り）にかかってしまいます。

かかと体重を意識する場合は、いままでよりも若干スタンスの位置をボールに近づけて、胸を起こします。そうすれば、スタンスとボールは近づいても、胸とボールは遠ざかり、基本的にスウィングアークが大きくなります。かかと体重を意識しなくても、この構えになれば、自然といままでよりもかかとに体重がかかります。

あくまでも「体とボールとの距離＝胸とボールとの距離」であって「＝スタンスとボールとの距離」ではありません。ゴルフには誤解を招きやすい表現が多いので注意が必要ですよ。

上達のヒント

アドレスでは体の正面で直角にボールをとらえる下地を作る。

5 グリップは「引く」指でしっかり握る

「グリップはゆるく握りましょう」とよく言われますが、グリップの強さは、感覚の話なので、とても難しいですよね。握力は30キロで握っています、と数字でお伝えできればいいのですが。

実を言うと、私はいままでグリップの強さを考えたことがありません。ただ言えるのは、左右の手がどちらも握力が40キロに満たないので、絶対それ以上の力では握っていない、ということでしょうか。ですから、私はあまりグリップを強くは握っていない、というか、握れない、ということになります。

でも、考えると不思議なんですよねぇ。私のグローブのサイズは20センチで特注なんですが、手の大きい人は26センチとかでしょ。こんなに個々で違いがあるのに、グリップの太さはだいたい同じ。グリップが当たっている手の部分は、かなり違っているはずなのですが……。

ちなみに、私はグリップを強い力では握れないと言いましたが、自分としてはそこそこ強い力で握っているような気もします。どうせ「ここいちばん!」の場面では力が入ってしまうので、それなら普段からそれなりに握っておこうとも思うからです。

それでも昔は、なんとか力が入らないようにいろいろトライしました。でも、割と早い段階であきらめました。というのは、人間の性格、本性は、ちょっとやそっとでは変えられないことがわかったからです。

では、どうしたか?

脳が意識しても、それがショットに影響しにくい状態を作っておくことを考えるようにしたのです。**「握りの強弱」と言うより、「手のどの部分に力を入れているか」が重要**だと気付いたのです。

私の場合、グリップは左右とも中指から小指に力を入れて握っています。人差し指と親指は遊ばせておいて、ほとんど力は入れていない感じです。

なぜかと言うと、**親指と人差し指は「押す」指で、中指から小指は「引く」指**だからです。スマートフォンなどのボタンは人差し指で「押す」人が多く、綱引きの綱は中指から小指で「引く」人が多いですよね。

私は、スウィング中に遠心力を最大限に利用したいので、インパクト付近で体の中心から離れて行こうとする「ヘッド」と、かかと体重の「体」とで引っ張り合いをします。そのため、グリップも左右とも中指から小指に力を入れているというわけです。押す指に力が入っていると、「押す＝手首を返す」動きをしようとしてしまいます。この手首を返す動きは、一見必要なもののように感じますが、遠心力で走っているヘッドにブレーキをかけることになってしまいます。**遠心力を最大限に利用するには、できるだけ飛球線方向に真っすぐな軌道で、なおかつフェース面が上を向くような感じでフォローを出す**のがポイントだからです。

ポイント

体との引っ張り合いに負けないようにグリップする

「ヘッド」とかかと体重の「体」との引っ張り合いをするために、両手の「引く」指でグリップをしっかり握る。

また、引く指は頭で考えた意識が伝わりにくいため、パッティングでもショットでも、ここいちばんのプレッシャーがかかった場面でヘッドが変な動きをしにくいということや、パッティングでの距離感が合わせやすい、という利点があります。

上達のヒント

スマホをタッチするような器用な指はゴルフでは不要。

⑥ インパクトでヘッドがボールに直角に当たればいい

インパクトでヘッドとボールが接触している時間は、どれくらいだと思いますか？実は、1000分の1秒にも満たない長さだそうです。でも、そのごくわずかな時間で、ボールの飛び方は決まってしまいます。逆の言い方をすれば、その時間以外はどんな振り方をしても関係ない。ただ、スウィングのある時点から、ヘッドがワープしてインパクトを迎えることはないので、ダウンスウィングの軌道はある程度大事だ、とは言えるかもしれません。

そもそも、テークバックとダウンスウィングを同じ軌道で振るのは難しいと思います。だって、地球には重力が働いてるでしょ。単純に考えてください。テークバックは重力に逆らって上げていく、ダウンスウィングは重力と同じ方向に振るんです。たぶん宇宙船の中なら、同じ軌道にするのは簡単でしょうけど。

スウィングで重要なのは、気持ちよく振れることの他に、**インパクトの瞬間とその準備段階の腰から下のダウンスウィングの軌道**です。不思議なもので、プロや上級者は、この形は割とよく似ています。単純に言えば、**インパクトでヘッドがボールに直角に当たればいい**わけです。そうするために、自分自身でテークバックはどう上げるのが簡単か、あるいは気持ちいいか、それを見つければいいのです。身長、体重、手足の長さ、大きさ、ガニ股内股、そして性格。人それぞれなんですから、テークバックの上げ方も人それぞれになるはずです。

私の場合は、前に述べたとおり、テークバックはフェースがボールをずっと睨むかのようにシャットに上げ（P15参照）、**トップでは右わきが開いている「フライングエルボー」状態。そして、切り返しは上げた右ひじを右脇の背中側に下ろすだけ**です。

そして極端な言い方をすれば、これで「スウィングは終わり」です。

「フライングエルボーは直すべき」と言われますが、右わきを無理に締めたスウィングで、気持ちよくスウィングできますか？　実際、プロのスウィング写真をよく見てみると、多くのプロが、トップで右手グリップの位置が頭のてっぺんかそれよりも高い位置にあると思います。右わきが開いていても、それが悪いわけではありません。

試しに、ちょっとやってみていただきたいのですが、右手に力こぶを作る格好で、右ひじを脇腹に付けてみてください。右手の拳は肩より少し低い位置にしか来ませんよね。次に、同じ格好で二の腕を地面と平行にして右ひじを肩と同じ高さにしてみてください。それでひじを直角にして、やっと拳がおでこの生え際くらいの高さになるはずです。つまり、いくらかトップで体が前傾しているとはいえ、トップで頭のてっぺんかそれよりも高い位置に右手グリップがあるということは、右ひじも肩の高さくらいには上がっているということです。

ポイント

切り返しは上げた右手をそのまま下に下ろすだけ！

上げた右ひじを右わきの背中側に下ろすのが、田村流の切り返し。トップで右わきを締めるのがセオリーと言われるが、むしろわざとフライングエルボーにしている。

私が、トップでわざとフライングエルボーにしているのは、上げたものを下ろすのは簡単だからです。地球上には重力が働いて、脱力するだけでも腕は下りて来ます。

ゴルフスウィングは、トップからの切り返しで「タメ」を作るわけですが、非力な私は「タメ」を作るのに、他の人以上に重力を使っています。そして、その「タメ」を作った状態＝弓矢の矢を引いた状態であり、引いた右手を放すだけで、矢は飛んで行きます。ゴルフスウィングは、これと同じ原理だと考えているのです。

プロでも、ループを描く人、逆ループを描く人など、さまざまです。要は、インパクト前後のほんの一瞬のヘッドの動きで、ボールの飛び方が決まるのです。

上達のヒント

上げた右ひじを右わきの背中側に下ろすだけ！

7 「左手リード」にこだわらない

アマチュアの多くは、セオリーにとても忠実過ぎるような気がします。「ゴルフは左手リード」という言葉もそのひとつ。この言葉に縛られて、気持ちいいスウィングができていない人がたくさんいますよね。

しかし、結論から言うと、左手リードにこだわる必要はなく、**少なくとも最近のクラブでは、右手を使って打ってもまったく問題ありません。**

たしかに、昔のパーシモンヘッドは重心距離も短く、ヘッドが返りやすかったですし、アイアンも小ぶりで重心位置が高く、ヘッドが最下点を迎える前でボールを打つ必要がありました。ですから、返りやすいヘッドを返し過ぎないように、右手をあまり使わないようにするという意味で、左手リードと言われたのかもしれません。

しかし、最近のドライバーはヘッドが大きくなり、慣性モーメントが大きくなってボールが曲がりにくくなった反面、ヘッドが返りにくくなりました。またアイアンも、大きめになり芯も広がり、重心位置も低くなっています。つまり、**最近のクラブは、ドライバーもアイアンも、軌道の最下点で飛球線に対してフェースをいかに直角にボ**

ールに当てていくか、という方向に進化しているのです。

何度も言いますが、ゴルフが難しいのは、右打ちの場合、右手を左手よりも下の位置でグリップするからです。仮に両手を揃えてグリップできれば、両腕と肩とで作られる三角形が、二等辺三角形になります。これならやさしく打てるのに、右手が左手より下にあるため、右手の辺が左手の辺よりも短くなることになります。だから私は、左肩が開かないように、ボールと手の位置を短い辺に近い右寄りに寄せてアドレスしているのです。

ジョーダン・スピースは、長い左手の辺を、左手を曲げることによって短くし、右手の辺と長さを揃えるようにしています。方法論は違いますが、体が開かないようにして、飛球線に対してボールにヘッドを直角に当てるという、同じことをやっているわけです。計測器がないのでわかりませんが、私もスピースも、**左右対称という意味では、右手も左手と同じくらい使っている**と思いますよ。

上達のヒント

左手リードは昔の話。両手は左右対称に使う。

8 その場でコマが回るように回転で打つ

ゴルフを長く続けたいのなら、よく言われる「アドレスで作った前傾姿勢をスウィング中は保つ」ことを気にするのはやめるべきだと思っています。

たしかに、肩と同じ高さにティアップして打つわけではないので、多少は前傾になりますが、前傾を保ったまま体をねじるのは、無理があるし、体を鍛えていないアマチュアの方は腰痛など故障の原因にもなりかねません。

また、前傾姿勢を無理に保とうとすると、インパクトでは逆に伸び上がってしまう場合もあります。ゴルフに限らず、無理して縮んだものは伸びようとするもの。それが「自然の理」ですから、最初から「スッ」と伸びておけばいいのではないでしょうか。

先に述べたように、**なるべく突っ立ったアドレスで構えてかかと体重で遠心力を使ってその場でコマが回るように、クルッと回転して打つこと**が、シニアになっても無理なくゴルフが楽しめるコツだと、私は思っています。

そして、体を回転させて打つときに、もうひとつ大切なことがあります。

ポイント

スウィング中はつねに手は体の正面

①軽くお尻を突き出し上体を起こす、②ボールを下目で覗き込むように見て「右向け右！」の要領でテークバック、③トップから「前にならえ！」で体を戻す、④フォローは「左向け左！」で体を左に向ける。

それは「軸」です。

数年前、ベイブレードという現代版のベーゴマ遊びが流行りましたが、子どもたちが遊んでいるのを見ていてあることに気付きました。それは、いちばん長く回転し続けるコマほど、回転軸もまるで止まっているかのように見えたことです。要は、軸が完全に垂直なんですね。「これだ！」と確信しました。私のスウィングに力感が感じられないと言う人がいますが、それは、もしかしたらいまお話しした**「回転しているのに止まっている」かのように見えるコマ同様、軸がブレない**からかもしれません。

ポイント

スウィングは１軸

地面に対して垂直な軸を意識し、その軸を中心にして回る。

見た目だけで言えば、軸が移動しながらスウィングする2軸タイプの人のほうが、力感は感じられるでしょう。ただ、実際のスウィングスピードは、それほど速くはないことが多いと思います。なぜなら、**軸がズレると遠心力が働きにくい**からです。つまり、ヘッドスピードが速くならないということです。

プロと違って、練習量も少なく体力も劣っているアマチュアは、とにかく軸をしっかりさせてその場で回転することをお勧めします。自分にやれることしかやらない。これが上手くなるコツです。

上達のヒント

軸を中心に回転するコマのように振る！

気持ちよく飛ばせる 上達のヒント

・自分にやれることしかやらない。これが上手くなるコツ。

・セオリーにこだわらない。上手く打てればいい。

・いちばん自然なアドレスは、ボールも、手元も、真ん中。

・アドレスでは体の正面で直角にボールをとらえる下地を作る。

・スマホをタッチするような器用な指はゴルフでは不要。

・上げた右ひじを右わきの背中側に下ろすだけ！

・左手リードは昔の話。両手は左右対称に使う。

・軸を中心に回転するコマのように振る！

語録【ご・ろく】ある人物の発言をまとめたもの

Column 1
「ショットはすべてロブショット」
企画書【田村ゴ録】
語録【ごろく】ある人物の発言
朝に道を聞かば夕べに死すとも可な——孔子
我思う　ゆえに我あり——デカルト
人間は考える葦である——パスカル
ときに言葉は時間を超える
言葉は束ねられて知恵となり
知恵は人を変える
そしてときにゴルフも変える——
ちょっと大げさすぎませんかね〜この出だし
いやあ　ははは……
田《た》村《むら》尚之《なおゆき》
日本アマ23年連続出場の実績を引っ提げ 49歳でプロ転向したサラリーマンプロ
いいじゃないっすか〜 田村さんの第一印象って哲学者っぽいし——
田村理論の全貌をこの時まだ知らない駆け出しライターM
もともとサラリーマンだし…

日本アマは勝てなかったし……
23年連続出場も最高成績は2位
たまたまプロにはなれたけど………
2013年プロ転向
ダイジェストカントリークラブ
家ではカミさんの尻に敷かれてるし…
いいんですって!
だって——
ちょっと前までアマチュアだったのに——
今はプロ歴ウン十年の猛者を相手に一歩も引かない戦いを見せている
救護室
なのに虚弱体質で
点滴お願いします…
フーハー
背だって別に高くないし
172cm
新橋駅
ここ
新橋駅で待ち合わせると人ごみに完全に紛れ込んじゃうし
こんなプロ他にいないっすから!
褒《ほ》められてるんだかけなされてるんだか……

このギャップがたまらない〜理論よりはキャラ本で売ろうかな
なにかよからぬことを……
まま取材取材！ラウンドへレッツゴー！
アプローチか…バンカー越えでピンはすぐそこ難しい状況だが……
シュ
カッ
ストッ
ナイスロブショット！
うまく寄せられました〜
DAIKURE

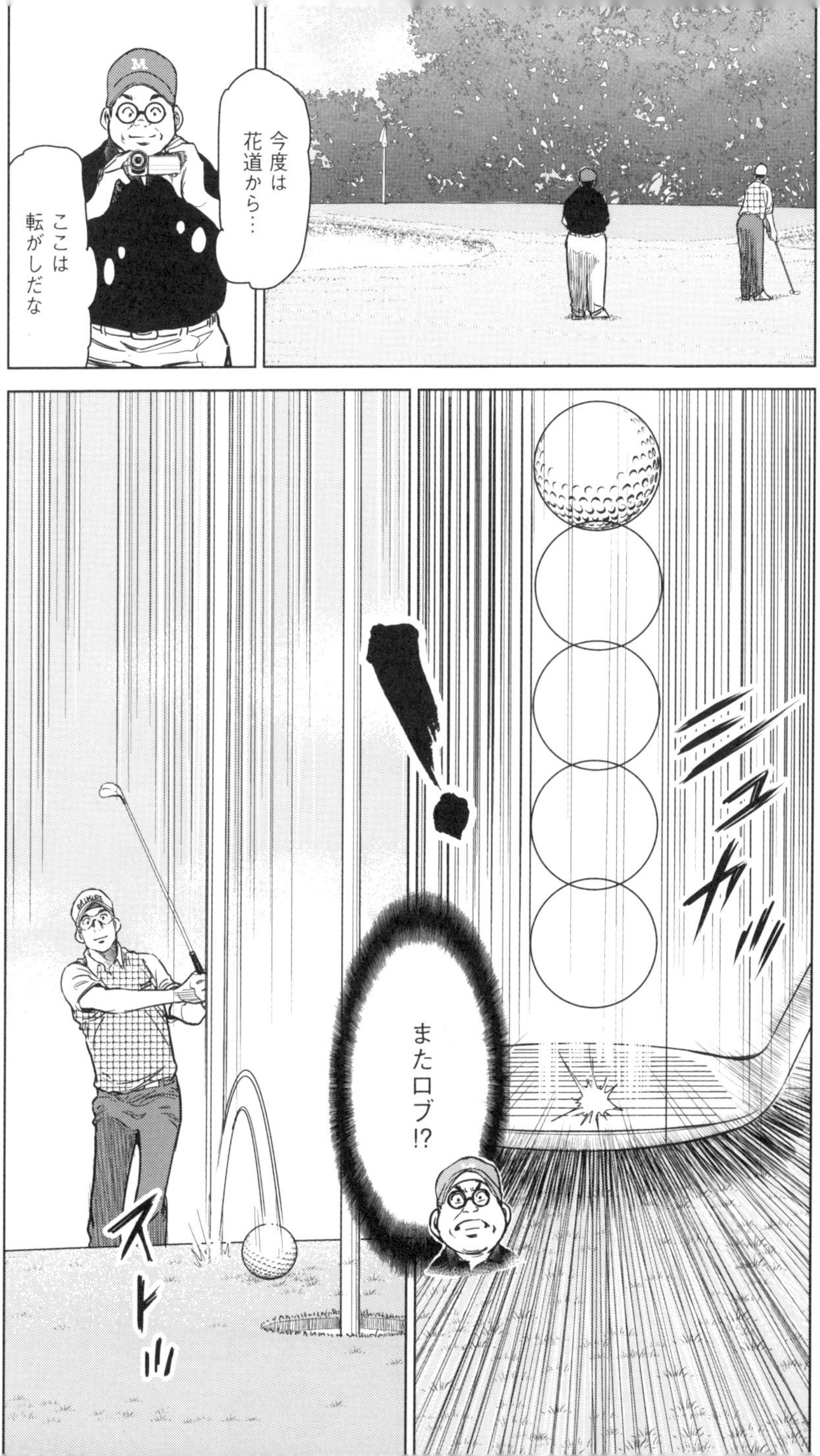
今度は花道から…
ここは転がしだな
！
ミュカッ
またロブ!?
ストッ

花道からなのになんでロブなんですか？
カンタンだからです〜
カンタンじゃないでしょ！
そうですか〜じゃあ……キホンだからです〜
ロブがキホンなわけないでしょー！
ははは「僕の」ゴルフのキホンですよ〜
ん!?どういうことですか？
僕は非力だしおとしまでサラリーマンでしたから
ズッ
極力ゴルフをシンプルにする必要があった
たどりついた結論が――
全ショットロブショット!!

だからどうしてその結論に至るのかがわからないんですって〜
そうだな「打ち方」から解説した方が早いかな〜
ロブショットを打つポイントはインパクトで左手を止めることです
左手が止まるとシャフトは逆しなりを起こす
つまりヘッドが走る
するとインパクトでシャフトが地面に対して垂直になる
結果ロフト通りに球が上がる
手を止めちゃったらヘッドにもブレーキがかかるんじゃ？
みんな手を速く振ればヘッドも速く振れると思ってるけど実際は違う
たとえばムチを振るとき手元はゆっくり引く感じ——
オー!!!

ピッ
パシィィィィ
そのほうが先端（ヘッド）は走る
おーっすごい走り！
それにしてもこのイメージは……
ヘッドが走るから球がつかまりボールが高く上がるんです
シュッ
そういうもんかなあ〜
物理的に考えてもシャフトが垂直になる軌道の最下点はヘッドスピードが最速になるはず
ビュッ
さらに！インパクトでシャフトが垂直ならフェースもスクェアということだからボールがねじれない
これをドライバーに当てはめると？
グッ

インパクト直前に
左手を――
止める！
ブッ
ちょ…
超高弾道ストレート！
これがドライバーの
「ロブショット」です！
トッ
トン
「全ショットロブショット」なら
「上げて止めるコツ」と
「300ヤード飛ばすコツ」が
同じ理屈で説明できるんです
こいつは
すげえ！
もっと詳しく
コツを教えて
ください！

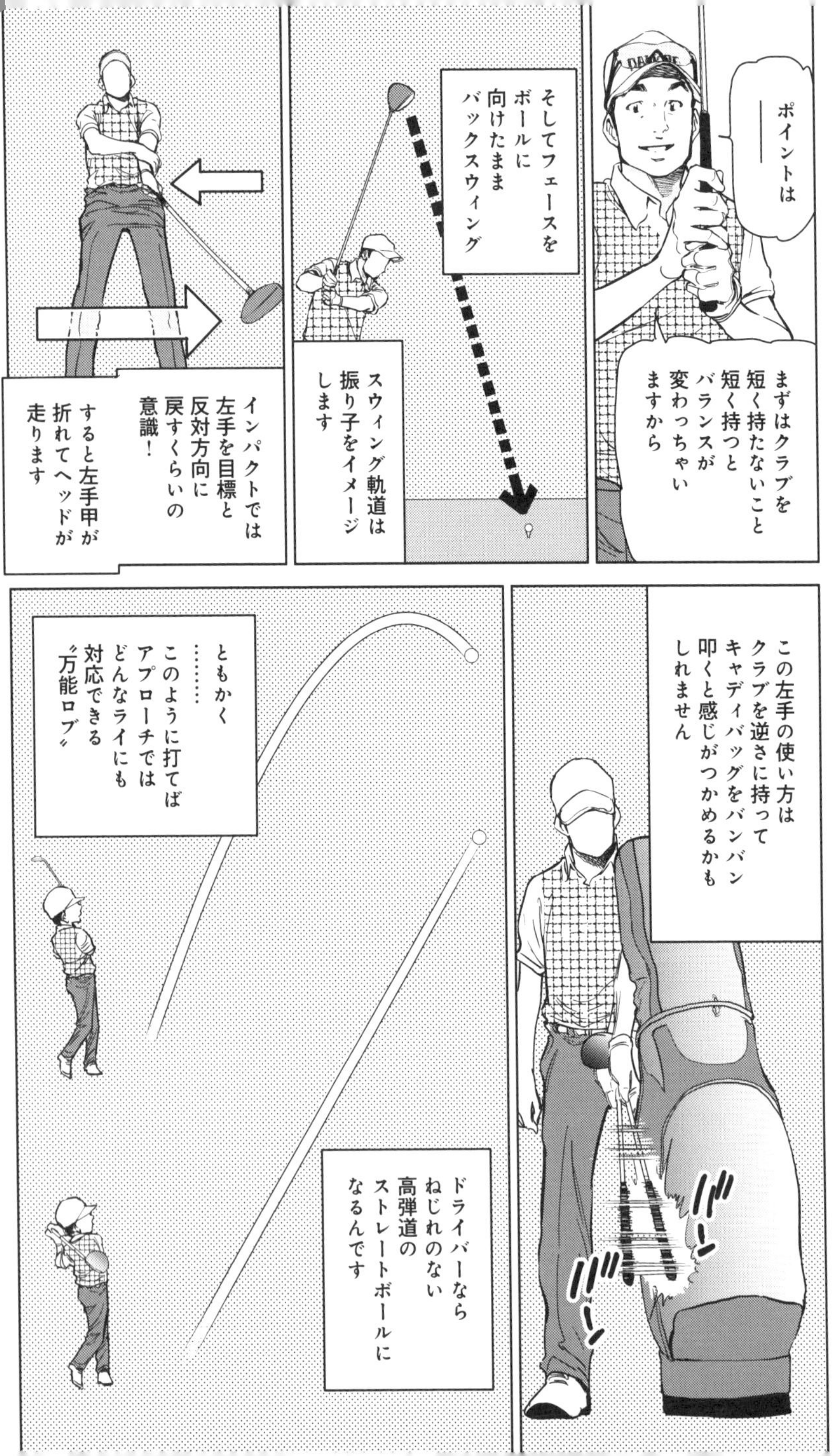

ポイントは——
まずはクラブを短く持たないこと短く持つとバランスが変わっちゃいますから
そしてフェースをボールに向けたままバックスウィング
スウィング軌道は振り子をイメージします
インパクトでは左手を目標と反対方向に戻すくらいの意識！
すると左手甲が折れてヘッドが走ります
この左手の使い方はクラブを逆さに持ってキャディバッグをバンバン叩くと感じがつかめるかもしれません
ともかく……このように打てばアプローチではどんなライにも対応できる〝万能ロブ〟
ドライバーならねじれのない高弾道のストレートボールになるんです

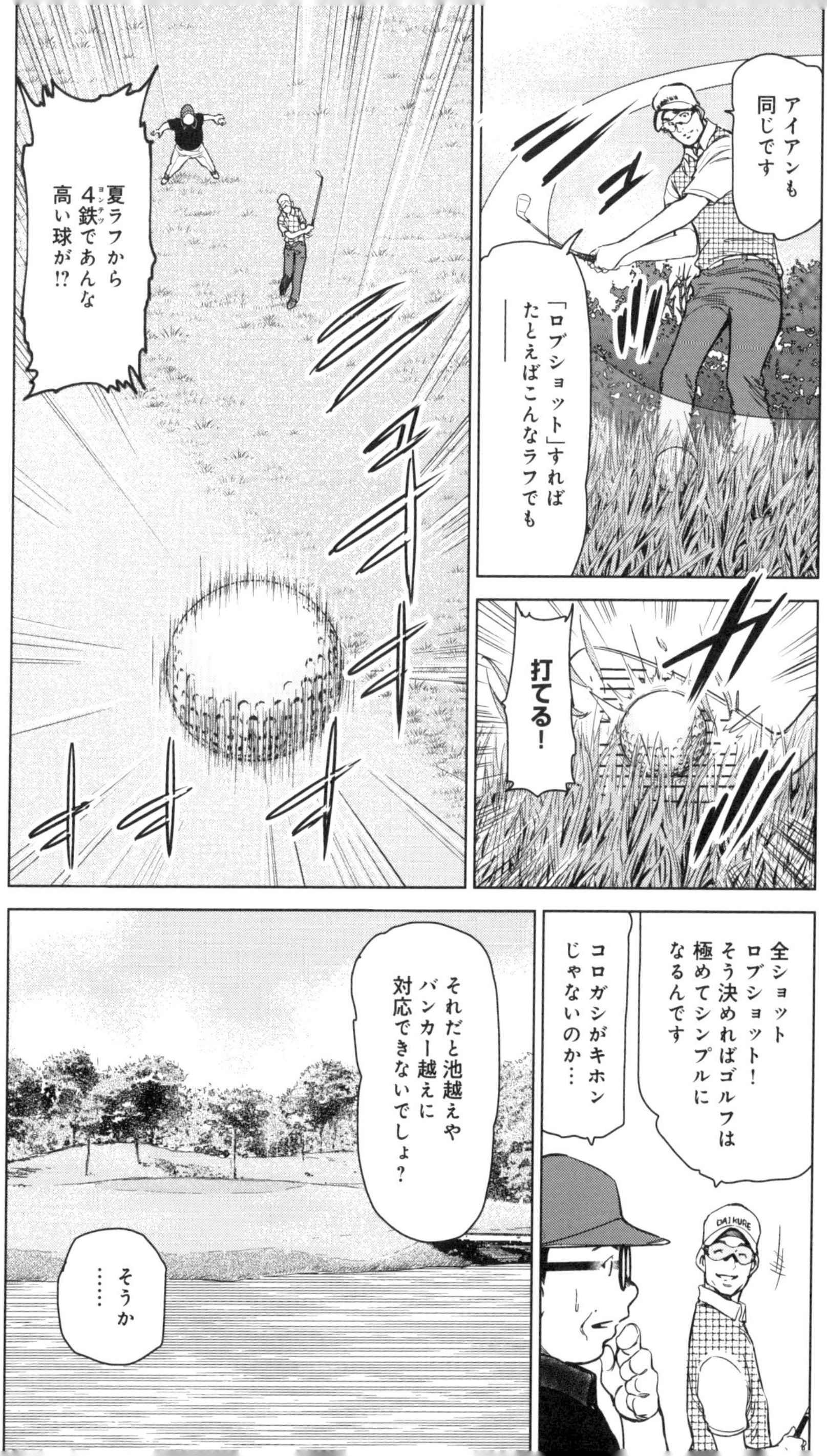
アイアンも同じです
「ロブショット」すればたとえばこんなラフでも——
打てる!
夏ラフから4鉄《ヨンテツ》であんな高い球が!?
全ショットロブショット!そう決めればゴルフは極めてシンプルになるんです
コロガシがキホンじゃないのか…
それだと池越えやバンカー越えに対応できないでしょ?
そうか……
DAIKURE

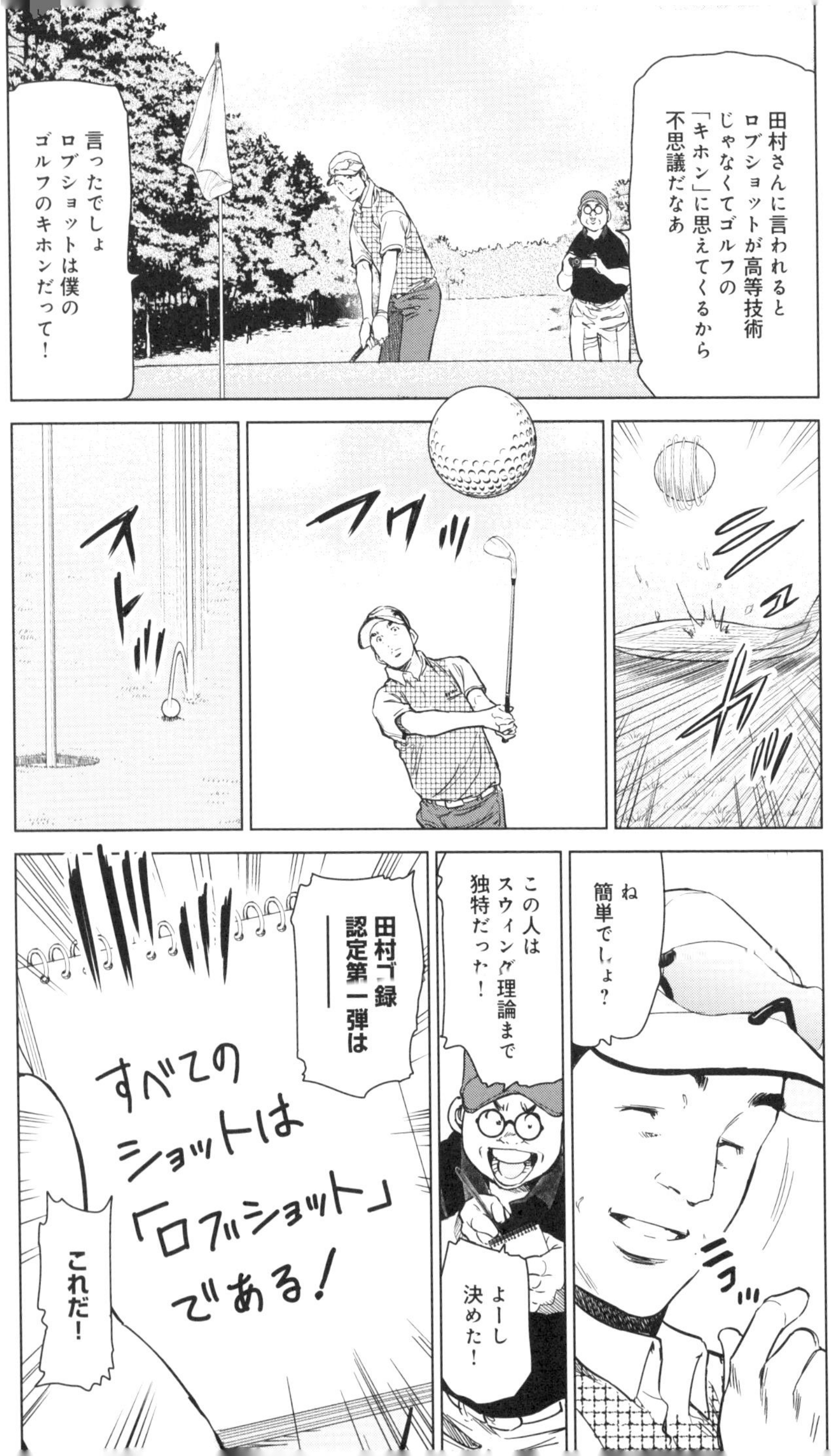
田村さんに言われるとロブショットが高等技術じゃなくてゴルフの「キホン」に思えてくるから不思議だなぁ
言ったでしょ ロブショットは僕のゴルフのキホンだって!
フワッ
ね 簡単でしょ?
ニコッ
この人はスウィング理論まで独特だった!
よーし 決めた!
田村語録 認定第一弾は
すべてのショットは「ロブショット」である!
これだ!

第2章

飛ばしと球の操り方

⑨ドライバーからパットまで構えは変えない

ドライバーのアドレスは、一般的にボールは「左足かかとの内側線上」に置くと言われていますが、私の場合、ドライバーからパターまで、アドレスの考え方は一緒です。ドライバーでも、最下点でボールをとらえるほうがいいですし、右手が左手よりも下で握るというのはドライバーからパターまで不変なので、手とボールの位置は真ん中あたりになります。

左足寄りのボール位置はアマチュアの方には向いていないと、私は思います。いくら最下点のあとで打とうとしても、アマチュアはどうしてもボールを見てしまい、それを打ちにいきます。つまりスウェイしたり、体が開いたりするんです。ましてや、プロのように軸を保つ体力や筋力、また調整能力もありません。ダウン、インパクト、フォローでフェースは開閉するからボールは左寄りでいい、という意見もあるかもしれませんが、昔といまではクラブの機能がまったく違います。最近のクラブはボールが曲がりにくいし、ギア効果の少ない機能になっています。だから単純に、**飛球線に対して直角にフェースを当てるべきだ**と考えているのです（P30参照）。

ポイント

ドライバーからパターまで「直角にインパクト」するアドレスを作る

ドライバーもアイアンもアドレスでの考え方は同じ。手とボールの位置はスタンスの真ん中か、少し右にセットする。練習時間が少ないなら、整合性をとったほうがいい。

ドライバー

アイアン

ウェッジ

パター

アイアンの場合、ハンドファーストのインパクトでダウンブローに打ちたい、と言う人も多いと思いますが、最下点かその手前でしか打てないので、やはり手とボールの位置は真ん中かそれより少し右になります。これだと、**ドライバーとアイアンショットの整合性もとれますし、最近の進化したクラブやボールとの相性を考えたときに、ボールのスピン量が一定になりやすく、ミスショットも減ります。**ただし、クラブの長さが違うので「ボールと体の距離」「スウィングプレーンの傾き」は変わります。

パッティングも、アドレスは同じ考え方だと言いましたが、クロスハンドに握ったときは例外。通常のショットとは逆に、グリップを頂点として両肩で作る三角形の左腕の辺の長さが右腕の辺より短くなるので、手とボールの位置は左寄りになります。

昔は、ハンドレートで構えるのは、フレッド・カプルスと私だけでした（顔は似ていませんが）。でも最近は、多くのプロのボールとグリップの位置が、だいぶ真ん中寄りになって来ているように感じます。

上達のヒント

どの番手も同じ構え方のほうがシンプルでやさしい。

10 飛距離に悩んだら道具を調整してみる

「あと5ヤード、10ヤードでも飛距離を伸ばしたい」。ゴルファーだったら、誰もが願うことでしょう。歳とともにヘッドスピードが落ち、飛距離が伸び悩んでいるアマチュアの方も多くいます。

飛ばすための必要条件として、ヘッドスピードが速いことはもちろん求められます。ヘッドスピードを上げるためには、**体幹を鍛えて、スウィング中に体軸がブレないような準備をするのが得策**ですが、なにも、「ジムに通え！」と言っているのでありません。エレベーターを使うよりなるべく階段を使う、電車の中では座らずに立って揺られてバランスをとるなど、日常生活のほんの少しの工夫で補うことができます。

また、**なによりも、「スウィング軌道の最下点でインパクトする」ということがとても大切です。**いくらヘッドスピードが速くても、芯に当たらなければ意味がありません。よく言われる「ミート率」です。

ヘッドスピードがそれほど速くない女子プロが、アマチュアより飛ぶことが多いのは、女子プロのミート率が高いからです。

あとは、やはり、**シャフトの長さを長くするのがヘッドスピードを早くする近道**だと思います。もちろん、軸がぶれてミート率が下がっては意味がないので、その限度というかバランスは大事ですが……。

シャフトを1インチ伸ばすだけで、ヘッドスピードは通常1㍍/s上がると言われています。ドライバーのシャフトを昔の43インチから46インチに伸ばしたとすると、理論上は3㍍/s上がったことになり、その恩恵もあって、プロの世界ではパーシモンヘッドの時代からは飛躍的に飛距離が伸びているのです。

しかし、アマチュアの方の中には、シャフトを長くすればするほどヘッドスピードが上がるタイプと、ほとんど上がらないタイプがいます。大別すると、ゆっくり遠心力を使ってヘッドを振るタイプの人はヘッドスピードが上がりやすく、どちらかというと上半身、それも腕っぷしに頼ってクラブを振るタイプの人は、シャフトを長くしてもヘッドスピードが上がらない傾向にあります。

それはシャフトを長くしたことによって、クラブの慣性モーメントが大きくなり、振りにくくなるからです。そういう場合は、クラブの総重量も軽くします。だいたい1インチ長くするとバランスは5ポイント近く重くなります。シャフトを軽くし、ヘッド重量とできればグリップも軽いものにすれば、クラブの慣性モーメントが小さくでき、振りにくさが緩和されます。

ちなみに、私は先調子でしなり戻りの速いシャフトを使っています。いま、使っているのはTRPX社の「エアー」というシャフトで、これまで使っていたシャフトより0・5インチ長くすることができ、8ヤードほど飛距離が伸びました。ショットの精度を落とさずに飛距離を伸ばすのは、体幹を鍛えても年に3ヤードが限界でしたので、大いに助かっています。

技術を上げることはもちろん大事ですが、道具に頼るのもお勧めですよ。

上達のヒント
シャフトを長くすることが
ヘッドスピードを上げる近道。

11 「タメ」を使って飛ばす！

飛ばすためには、「タメ」も必要です。

メタルヘッドが出始めたときに、ボールが右に飛ばないように、「リリースを早くする」ということを試してみましたが、ダウンスウィングで「タメ」が作れなくなって、まったく飛ばなくなったことがありました。

いまは、多くの方々が「タメ」は作りたいけど振り遅れるんだよなあ、と思っているかもしれませんが、振り遅れを防ぐための走り系のシャフトや、デカヘッドでも重心距離が近いものなども最近はありますので、「タメ」を作っても振り遅れにくい環境は整って来ました。ですから、なるべくそういうクラブを使って「タメ」を作って飛ばすというのが、現時点でのベストな選択だと思います。

「タメ」を作るコツは、トップでヘッドをその位置に残したまま、大きな筋肉を使ってグリップ側を下ろして来ることです。

私の場合は、前に述べたとおり、非力なのでわざとトップで右ひじを開けておきます。そして切り返しでは、その右ひじを真下に下ろすイメージです（P31参照）。そうすれば重力も使えます。
振り遅れを嫌う方は、トップからの切り返しでグリップの位置はそのままで、コックをほどくようにしてヘッドから戻そうとしますが、手首の力だけでは、シャフトはしなりません。

上達のヒント

トップでヘッドを置き去りにするイメージで「タメ」を作る。

12 飛距離アップはスピン系のボールが有利

飛距離の低下を、ディスタンス系のボールでカバーしようとする人がいますが、必ずしもそれで飛ぶと思ってはいけません。飛距離の低下が年齢的な理由の場合、ボールの浮力が減ったというケースも多いからです。つまり、ヘッドスピードが落ちてスピン量も減ってしまった、その結果ボールの浮力が十分ではなくキャリーが出なくなった、というケースです。この場合、スピン系のボールのほうが有効とも言えます。たとえるならば、スキーのジャンプ競技で向かい風のほうが距離が出るのと同じ。スピン量によって浮力を働かせ、少しでもボールの着地点を遠くするのです。

飛距離の低下の原因は、その他に、スピン量が多くてボールが吹き上がって前に行かない場合もあります。まずは自分の球筋を見極めることが大切ですよ。

上達のヒント

飛ばしにはディスタンス系ボールが有利とは限らない。

13 アイアンはハンドファーストにせずソールを滑らせる

自分では高い弾道を打っているつもりはないのですが、周りの人からは「球が高いね」とよく言われます。私の弾道が高い理由として、まず考えられるのはハンドファーストにはせずに、インパクトでシャフトが地面に対してほぼ垂直になっているからだと思います。つまり、クラブのロフトどおりにボールが上がるわけです。

何度も言いますが、私は、物理学上、スウィング軌道の最下点でインパクトできれば、もっともヘッドスピードを速くできると思っています。また、シャフトが地面に垂直でインパクトを迎えるということは、ボールに対してフェースを飛球線方向と垂直に当てることにもつながります。つまりは方向性がよくなるわけですが、私の中では曲がらないというより「よじれない球筋」という感覚です。

よく「アイアンはハンドファーストで打て」と言われますが、前に述べたとおり私はアマチュアの方には、あまりお勧めしません。ハンドファーストで構えて上手くいけば低めの強い弾道が打てるかもしれませんが、少しでもダフればリーディングエッジが地面に刺さって距離が落ちたり、そのまま強振すればヘッドが返って引っかけてしまうからです。

一方、シャフトが地面に対して垂直な状態でインパクトを迎えるということは、**ソールのバウンス角が少なくならないので、インパクトで多少手前から入っても、地面に突き刺さりにくく、ソールが滑ってくれます。**またそれを知っておけば、多少手前から入っても大丈夫、という精神的な余裕が生まれ、逆にヘッドがいいところに入ることが多くなります。

私はプロゴルファーの中ではアイアンが飛ばないほうですが、1番手くらい大きい番手のクラブを持てばいいだけですから、気にしていません。それよりは「ボールがよじれない」というのがアドバンテージだと思っています。

アイアンでも、私がいつも言っているように、軸回転でコマのように回転して打つことが大切です。このとき、スタンスが広いとそれだけで体が左右に移動する範囲が広くなる可能性があるので、あまり広げないほうがいいです。体はあまり前傾させず、お尻を少し後ろに出して下半身はどっしりとさせます。そして、肩を水平によく回すようにして、いつもよりも若干横振りの感じで打ってみてください。

ポイント

アイアンショットも軌道の最下点でボールをとらえる

アイアンでもソールを滑らせるように打つことで、ロフトどおりの弾道が打てて、ボールはよじれない。

ヘッドの入射角を浅くフラットにして、スウィング軌道の最下点かその手前でボールをとらえることができれば、スピン量を安定させることができます。

トップしても構いません。けっしてボールに合わせるような打ち方はせず、空振りをしてもトップしても、この打ち方を続けてください。そのうち段々と、トップする確率が減り、体が伸び上がらないように体が順応して覚えていってくれるはずです。

上達のヒント

ハンドファーストよりも直角インパクトを心がける。

14 ストレートボールはフェースローテーションを抑えて打つ

ボールを曲げないコツは、フェースローテーションをなるべく使わないことです。単純に言えば、ボールに対して飛球線方向と直角にフェースを当てればいいだけのことですから、フェースローテーションをなるべく使わなければ、たとえインパクトのタイミングがズレたとしても、曲がりが少ないストレートボールが打てるようになると思います。

ドライバーでどうしても引っかけてしまう人は、手首を返し過ぎているケースが多いようです。もともと卓球やボーリングをしていて、手首を返すクセが付いている人や、メタルやチタンヘッドが出始めたときに、ボールが右にすっぽ抜けるのが嫌で、それ以来、手首をこねるクセが付いてしまった人、また、プロのスウィング写真を見て、手首は返すものだと思ってしまっている人もいます。

しかし、**手首は「返す」のではなく「返る」ものです**。

シャフトは、ヘッドのヒール側に付いているので、普通に振ればフェースは必ず返ります。最近のヘッドは慣性モーメントが大きくなって返りにくくなってはいますが、それでもいくらかは必ず返るものなのです。

単純に引っかけばかりが出る人は、手首を「こねている」状態だと思います。自分ではこねていないと思っていても、こねている状態が「正常」だと思い込んでいる。この自分が持ち合わせている感覚が、すでに正常値からズレていて、それがかえってゴルフを難しくしてしまうのです。

ポイント

手首は「返す」のではなく「返る」もの

ボールに対して飛球線方向と直角にフェースを当て、なるべくフェースローテーションを使わない打ち方をすれば曲がりにくい。手首は自然に返るものなので、無理に手首を返そうとしない。

では、どうすればいいのか？

まずは**「返している」のに「返してはいない」という感覚を正常な状態に戻すのが根本的な解決法**です。

そのためには、練習ではわざと重心距離が短く、しなり戻りの速いクラブを振って、そのクラブでも振り遅れのスライスを打てるくらい「手首を返さない」感覚を身に付けることが大事です。感覚のズレを直すには、ときには荒療治も必要です。

上達のヒント

フェースの開閉はなるべく抑える。

15 距離の調節はスタンスの向きで行う

距離の調節は、とても難しいものです。

小さめのクラブでフェースをかぶせたり、フルショット以上の力で打とうとすると、引っかけることが多いですし、大きめのクラブを短く持って軽く振ろうとすると、上手くヒットできないことが多いのではないでしょうか。

私の場合、**距離感は、基本的にはその番手を普通に打ったときの距離を把握しておき、そこからの「引き算」**で出しています。「もうちょっと飛ばせば」、という「足し算」はまずしません。たとえば、私は無風でフラットな条件で7番アイアンを普通に打つと、156ヤード飛ぶことになっています。もちろん体調のよしあしなどで、多少は変わると思いますが、基準は156ヤードです。

もし、打ちたい距離が152ヤードだったら、4ヤード飛ばない打ち方をします。逆に159ヤードだったら、6番アイアンで飛ばさないように打つか、7番アイアンで3ヤード手前に止まってもしょうがない、と思って打ちます。

なぜ小さめのクラブで飛ばすように打たないのか?

それは、飛ばすためにフェースローテーションを使うなどして、自分のスウィングを崩すのが嫌だからです。そうしてしまうと、普通のショットをするときも、もしかしたらフェースが返ってしまうのではないかと思って、自信を持って打てなくなるのが嫌なのです。


飛距離の落とし方は、決して「ゆっくり振ろう」「トップを小さくしよう」など、頭で考えないことです。いわゆる、ゆるんだ打ち方になって、ミスをする元になります。またクラブを短く握るのもお勧めしません。なぜかというと、クラブのバランスが軽くなって、早打ちになりやすいからです。

私の場合は、**アドレスでの左足の「引き方」でトップの大きさが小さくなるように調整しています。**アイアンだけでなく、ウェッジでも同様にします(P97参照)。私はよくオープンスタンスだと言われますが、自分の意識の中ではオープンスタンスなのではなく、体の向きはあくまで目標方向に直角で、スタンスだけ左足が「引けた」状態にしておくのです。そうすると、普通に振っても、トップが自然と小さめになります。

距離を落としたい場合は、左足をいくらか引いて、つねに「普通」にショットする。この「普通に打つ」というのは、プロもアマチュアも変わらない法則です。ただし、「左足の引き具合は!?」と言われると、それは経験上から来る感覚です、としか言いようがないのですが……。

番手間の中間の距離というのは、プロでも判断が難しいショットです。以前、あるトーナメントの練習日に一緒に回ったプロが、悩んだ末に小さいクラブでフルショットをしたのですが、バックスピンがかかってショートしてしまいました。そして、グリーンに向かう途中に同組の先輩プロに「番手間の中間距離はどうやって打ち分けるんですか?」と質問したところ、「俺にわかるわけないだろう」という返事が返って来たそうです。ゴルフは奥が深いスポーツですね。

上達のヒント

「トップを小さく」ではなく「左足を引いて」飛距離を調整する。

16 ユーティリティクラブも振り子打法

前に述べたとおり、最近のクラブはドライバーもアイアンも、スウィング軌道の最下点で打てばいい機能になっています。これは、ユーティリティクラブでも同じです。打ち込むとか、払い打ちするという発想は、私の中にはありません。

ユーティリティは、たとえるなら、**クラブのグリップの端を握って固定し、垂らしたヘッドを振り子のように振ったときの最下点でボールをとらえるイメージ**です。といっても、これはすべてのクラブで言えることですが……。

つまりは、**ヘッドの入射角とフォローの角度が一緒になるようにするのです。物理で考えると、それがもっともインパクトでエネルギーの逃げない軌道になるはずです。**

そうすれば、ユーティリティにはそれなりのロフトというものが付いていますから、インパクトでロフトどおりの上向きの力が働き、ボールは上がってくれます。

ただ、難しいのは自分の実際のスウィングと、自分はこう打っているというイメージとが、一致しているかどうかです。

極端に言うと、もし実際にはすくい打ちしているのに、自分では打ち込んでいるイメージであれば、周りが「もう少し打ち込むように打ったら」と言っても、聞く耳を持たないでしょう。

そういう意味では、まずは自分のスウィングをビデオで見るなりして、自分の打っているイメージと乖離がないかをチェックするのも、ひとつの方法かもしれません。

上達のヒント

ユーティリティだからといって特別な打ち方はない。

狙いどおりに飛ばせる上達のヒント

・どの番手も同じ構え方のほうがシンプルでやさしい。

・シャフトを長くすることがヘッドスピードを上げる近道。

・トップでヘッドを置き去りにするイメージで「タメ」を作る。

・飛ばしにはディスタンス系ボールが有利とは限らない。

・ハンドファーストよりも直角インパクトを心がける。

・フェースの開閉はなるべく抑える。

・「トップを小さく」ではなく「左足を引いて」飛距離を調整する。

・ユーティリティだからといって特別な打ち方はない。

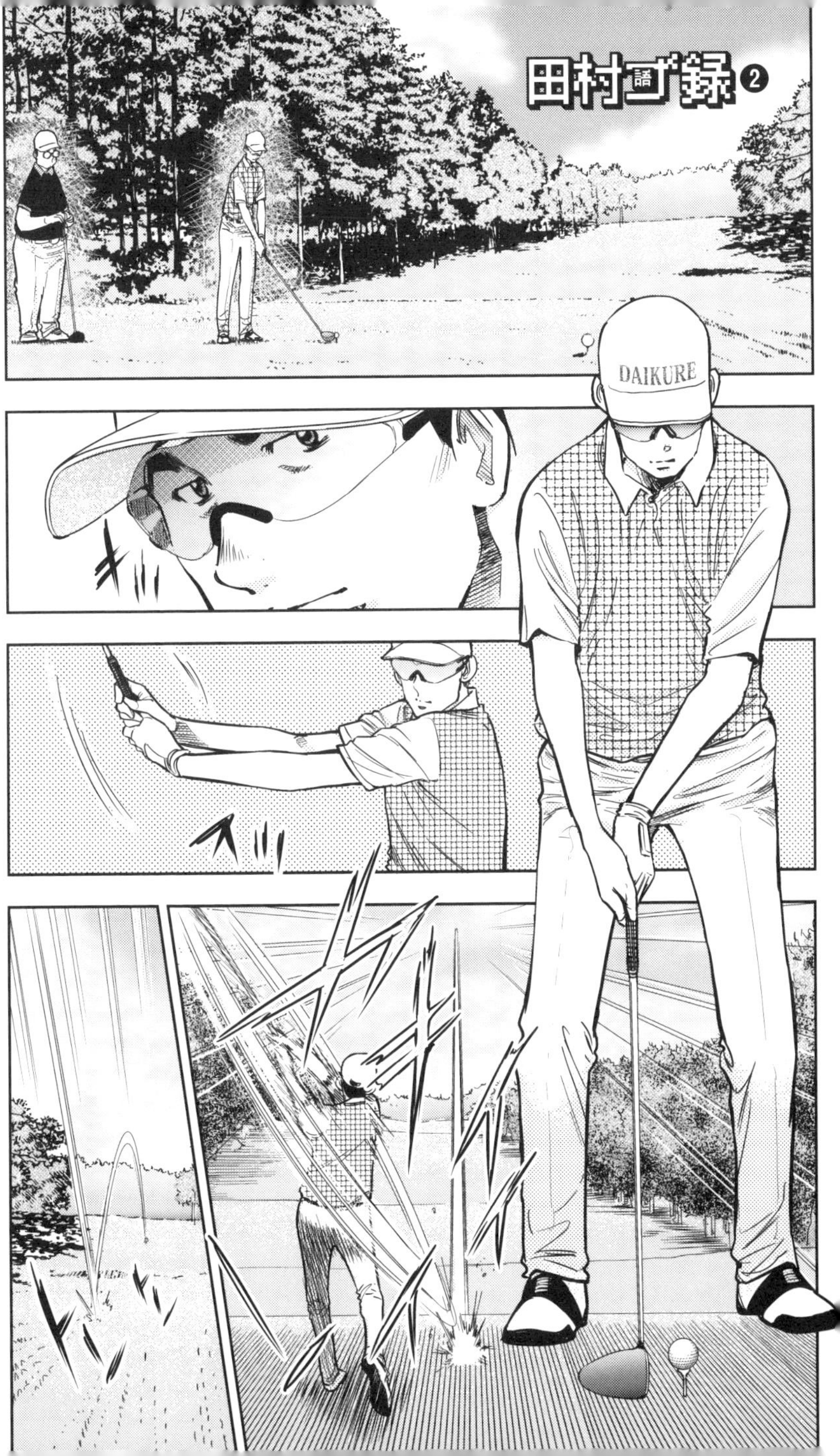

田村ゴ《語》録②
DAIKURE
ギリ
スッ
ドッ

チャッ
グッ
スッ
ドンッ
キュッ
コロコロ
ピタッ
田村さんのショットはいつみても凄すぎる！
チャッ
なのに――

Columm 2

「ドライバーとアイアンの整合性をとる」

ゴルフはドライバーもアイアンも必ず右手が下になるでしょ?
私はコレがイヤなんです
右肩下がる
右手が下
この状態で左足寄りのボールに対しハンドファーストに構えると右肩が前に出る
つまりカラダが開いた状態になりやすいですから
開く
右肩が前に
ハンドファースト
カラダを開かずに打とうと思ったら手の位置をカラダの中心寄りにもってくるしかないんですよ!
なるほど……その説明には納得です
でも!
なんでドライバーからパターまで全部同じ構えなんですか!
おかしいでしょ!300ヤードと30センチが同じ構えなんて!
ドライバー
パター
ああ それなら理由は簡単
スウィングの「整合性」をとりたいからです
整合性?なんですかそりゃ?
たとえばMさん今日のゴルフを拝見するとドライバーはそこそこ調子がいいみたいですが

ええ…田村さんとほとんど同じくらい飛んだボールも
カート道で50ヤード近くはねたけど!
カーン
カーーン
しかしアイアンは絶不調のご様子…
どよ～ん
そうなんですよね……
かと思えばアイアンはいいけどドライバーはまるでダメって日もあって——
ビシッ
天キ!
ぬおおおお
ドフッ
Mさんはドライバーとアイアンの整合性がとれてないんです
!?だからなんなんですか整合性って!
構えです
DAIKURE
ドライバーのときは左足寄りに球を置き体重が右足にかかっています
そうですね

それに対してアイアンはボール位置が少し体の中央寄り体重はやや左足にかかり強めのハンドファースト
ドライバーとアイアンでまったく違う！これじゃ上手くいく方といかない方が出るのは当然です！
片方だってほとんど上手くいかないんだし
さらっと傷つくこと言いますね……
ドライバーは最下点の先で打つしアイアンは最下点の手前で打つでしょ？
ならボール位置や構え方が違って当然では？
最下点
一理ありますでもそれはと〜〜っても難しいとボクは思うんです
DAIKURE
とくにボールが左にあるとアマチュアはついボールを見てしまい それを打ちにいってしまう
結果カラダが突っ込んだり開いたり――

げっ!!
スウェーしたり
フル フル フル
開いたり
ああ あ
突っ込んだり
もう いや!
つまり ボールを左足かかと線上に置くだけでゴルフは難しくなる
だから僕はボールを体の真ん中に置き
スッ
チャッ
ハンドレートで
フェースをターゲットに直角にセットして
その場でコマのように回転し——

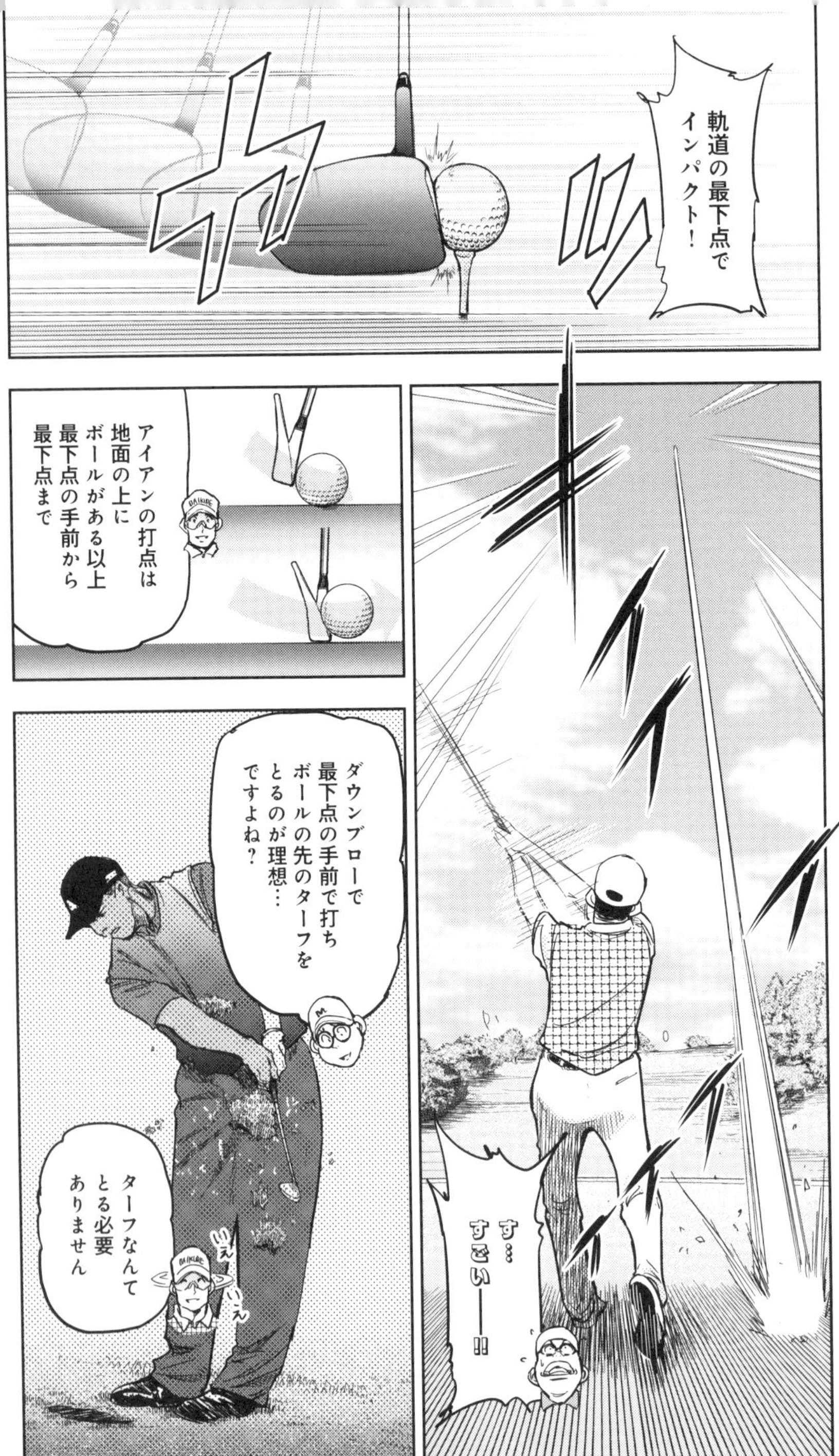
軌道の最下点でインパクト！
アイアンの打点は地面の上にボールがある以上最下点の手前から最下点まで
す…すごい——!!
ダウンブローで最下点の手前で打ちボールの先のターフをとるのが理想…ですよね？
いえいえ
ターフなんてとる必要ありません

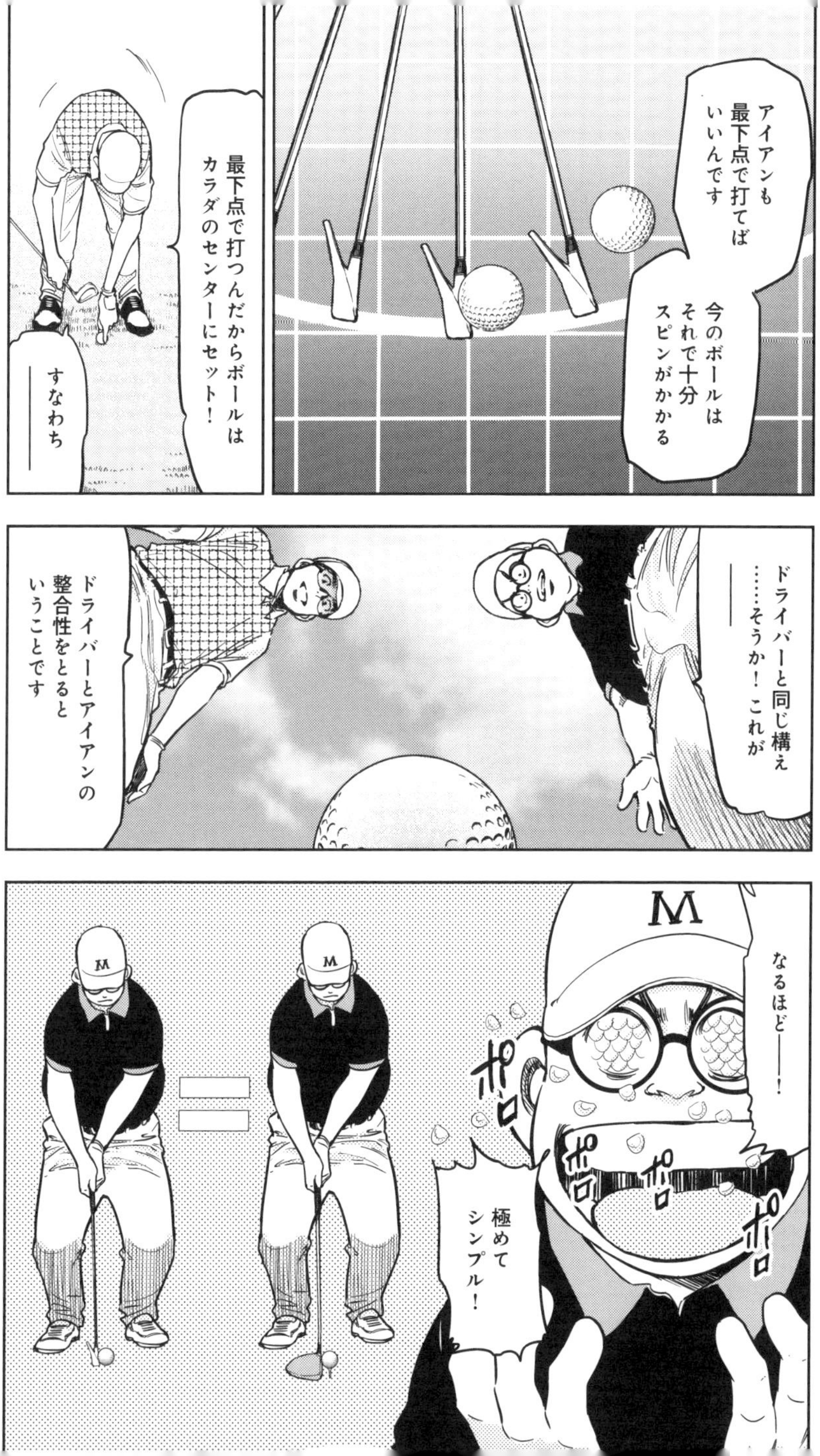
アイアンも
最下点で打てば
いいんです
今のボールは
それで十分
スピンがかかる
最下点で打つんだからボールは
カラダのセンターにセット！
すなわち
――
ドライバーと同じ構え
……そうか！　これが
――
ドライバーとアイアンの
整合性をとると
いうことです
M
なるほど――！
ポロ
ポロ
ポロ
ポロ
極めて
シンプル！
M
M

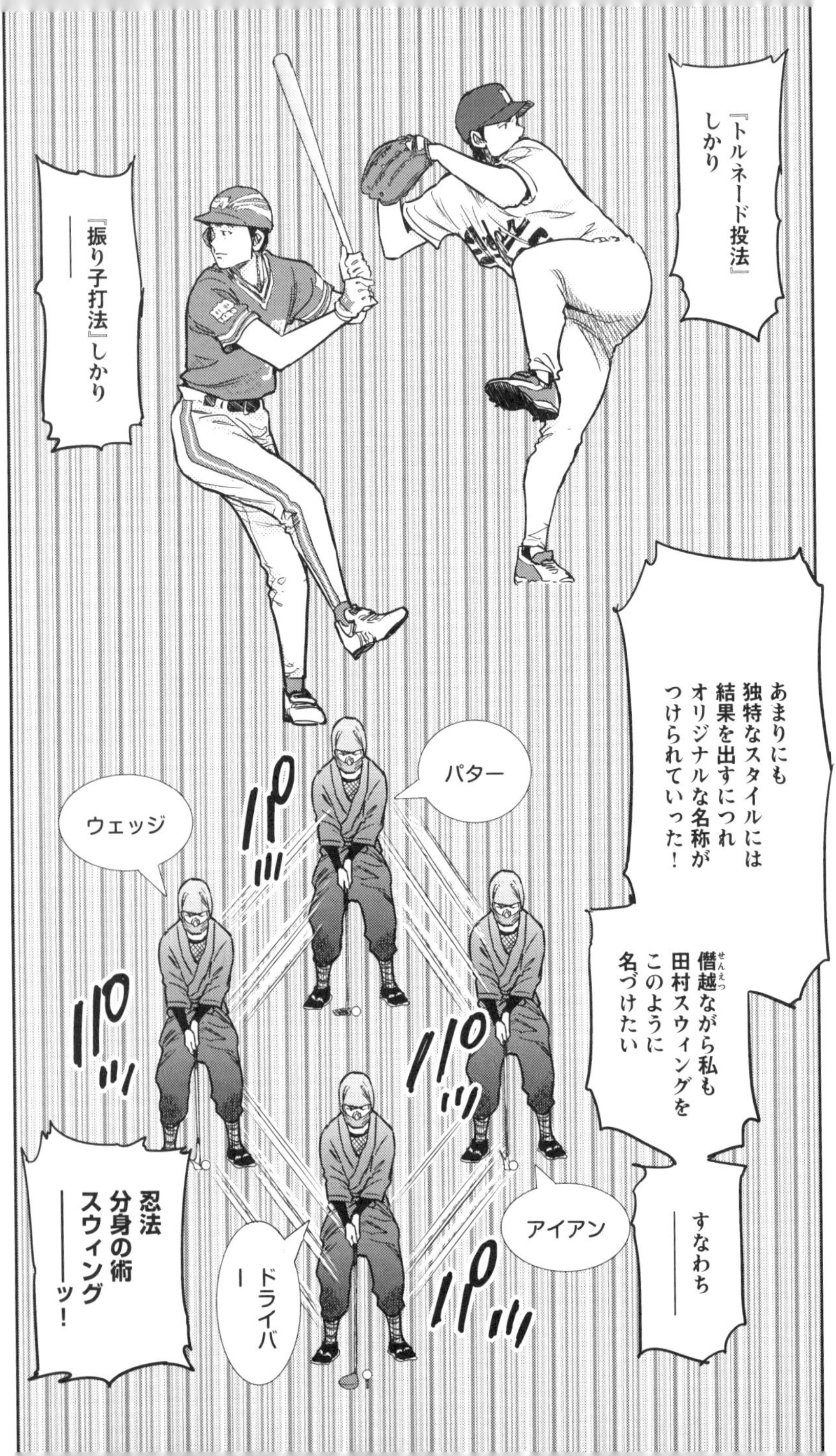
『トルネード投法』しかり
『振り子打法』しかり——
あまりにも独特なスタイルには結果を出すにつれオリジナルな名称がつけられていった！
僭越《せんえつ》ながら私も田村スウィングをこのように名づけたい
パター
パパッ
ウェッジ
パパッ
パパッ
すなわち——
アイアン
パパッ
ドライバー
忍法分身の術スウィング——ッ！

まあ それは さておき――
あっさり却下……
ドライバーも アイアンも 同じ構えで 最下点で打つ！
そのうえで ポイントは ふたつ――
ひとつはスタンスを 広げすぎないこと
なるべく一軸で 振れるようにです
クルッ
クルッ
グラッ
グラッ
グラッ
なるほど スタンスが広いと カラダが左右に ブレやすい……
ポイントふたつ目は 前傾を深くしすぎない こと――
こ……こうですか？
ただしお尻は 少し後ろに出して 下半身はどっしり させる
そのうえで 肩を水平に よく回せば ――
水平ー！
どひゃあああ まっすぐ――――！

チャッ
スッ
ミュパァァァァ
うおおお
アイアンも
高弾道
ストレート!
ウェッジも同じ
パターも同じ!
ボールはいつでも
カラダの真ん中!
打つのはいつでも
軌道の最下点!
こうすれば
難しいゴルフが
少しはカンタンに
なるとは思いませんか?
はぁあい
納得!
というわけで
第二の田村ゴ録が
決定!
ドライバーと
アイアンの
「整合性」を
とる!!
【第一語録】
すべてのショットは
ロブショットである

第3章

グリーン周りの攻め方

17 アプローチはフェースでボールを運ぶように打つ

グリーン周りのアプローチは、ボールがあるライやグリーン面の状況で、いろいろな寄せ方があります。アマチュアのみなさんも、どの番手でどう寄せるか悩ましいところですよね。

でも、実は私、グリーン周りのアプローチはSWかAWしか使いません。なぜかというと、転がしのアプローチができないからです。

もちろん、AWで低めのアプローチをすることはありますが、PWや9番アイアンなどを使って転がせないんです。私は器用ではないし、練習時間も限られているので、上げる練習しかやらなかった。そうしたら転がせなくなりました……。

また、極端な言い方をすると、アプローチのスピンコントロールは、あまり意識していません。どちらかというと、スピンで止めると言うよりも、**高く上げたボールの落下角でボールを止める**と言いますか、それで十分止まると考えています。

ただし、心がけていることはあります。それは、**つねにフェースで真っすぐ当てて、フェースでボールを運ぶように打つ**ということです。イメージは「ロブショット」です。

そうすると、ボールの高さとスピン量がつねに一定になるので、計算が立つのです。あとは、グリーン面の硬さや傾斜を頭に入れて、落とし場所を若干変えていくことくらいでしょうか。

よく、ボールを止めたい場合はフェースをカットに入れてスピンをかけて……などと言われますが、それだとスピンがかかり過ぎたり、ボールが飛ばなかったりします。そのような打ち方は、練習量の少ないゴルファーには大ケガの元です。

では、フェースをボールに真っすぐ当てて、ボールを運ぶにはどうすればいいのか。アドレスで、ほんの少しだけフェースを開きます。これは、ウェッジがいちばん左に飛びやすいクラブなので、それを防止するためです。そして、**グリップとボールの位置は真ん中寄りにして、シャフトが地面と垂直になるようにします。こうすると、ソールのバウンスが使えて、インパクトでソールが滑りやすくなります。**フェース面は返さず、できるだけ飛球線方向に真っすぐ出していきます。

あとは、左手のグリップを若干ストロングにして、テークバックで親指方向にいつもより少し早目にコックを使います。このとき、手先だけではなく肩を十分に回します。そして、インパクト寸前でハンドファーストにならないように、左手グリップを一瞬止めるようにしてみてください。極端に言うと、**私はインパクト寸前に、左手グリップを振る方向とは逆方向に一瞬戻す感覚で振っています。**

ポイント

シャフトは地面と垂直。インパクトでソールを滑らせる

グリップとボールの位置は真ん中寄り、少しだけフェースを開いて構える。バウンスが使えてソールが滑りやすくなる。フェース面は返さず、飛球線方向に真っすぐ出していく。

ポイント

インパクト寸前左手を止めるイメージ

インパクト直前で左手首を甲側に「くの字」になるように折るようにすると、真っすぐヘッドが走る。

そうすると、ヘッドが丸い軌道で振れて、ヘッドスピードも最下点でいちばん速くなり、左手が流れないのでフェースが真っすぐの状態でボールをとらえることができます。ボールは真っすぐの逆スピンで、かつ高さもロフトどおりに上がってくれるはずです。

上達のヒント

アプローチはいつも「ロブショット」のイメージ。

18 アプローチの打ち方は1種類だけでいい

なぜ、私のアプローチは「上げる」のが基本かというと、転がすアプローチでは、ボールが「寄り得ない」場面が起こり得ますが、上げるアプローチで「寄り得ない」場面はまず起こらないからです。ここで言う「寄り得ない」場面とは、寄せようと努力したとしても、その状況では寄せられないという場面です。

たとえば、ボールの前にバンカーがあり、バンカーからすぐの所にピンが立っていたら、転がしでは対応できません。では、花道にボールがあり、グリーンの奥にピンが立っている場合はどうでしょうか？　一見、転がしが有利に思えるかもしれませんが、上げるアプローチでも寄り得ないことはないでしょう。ピンの近くに、上げて落とせばいいだけです。グリーンの上空に、木の枝が生い茂っているコースなんて、まずないでしょうから。

練習時間が少ないアマチュアは、上げる練習と転がす練習の両方をほんの少しずつやるよりは、どちらか一方に決めてそれだけを練習したほうがいいと思います。「二兎を追う者は一兎をも得ず」という言葉があるように、どっちつかずになるよりは、どちらか一方でも得意なものがあったほうがいいからです。私の場合、それが上げるほうだった、ということです。

さらにもうひとつ、上げるアプローチを選んだ理由があります。

それは、私が競技ゴルフを再開した25年前、ちょうどツーピースボールが出回り始めました。社会人になりたてだった私は、すぐに傷が付く糸巻きバラタボールは予算的に負担だったため、ツーピースボールを使うことにしたのです。ツーピースボールはショットが吹き上がらずよかったのですが、アプローチではどう打っても、ボールが上に飛び出す傾向がありました。

それならば、「全部上げてしまえ！」と。そういう考えに至ったのでした。

上達のヒント

上げるか転がすか、ひとつに絞って練習する。

19 距離に関係なくクラブを握る長さは変えない

ショットやアプローチで、「クラブを短く持ってコンパクトに振りましょう」などと言われることがあります。しかし、私の場合、よほどのつま先上がりとかでない限り、クラブを短く持つことはまずありません。

なぜなら、ヘッドのバランスが軽くなってしまうからです。たしかに、短く握ったほうがヘッドを軽く感じますから、手先の小さな動きが簡単にできるように感じるかもしれません。ただ、私はそれが嫌なんです。せっかく、ラウンド中のクラブ本数は14本までと決められているのに、握り方によってヘッドのバランスや長さが変わると、結局は何十本ものクラブを使いこなさなければならないことと同じになると思うんです。不器用な私には、そんなに多くのクラブを使いこなすことはできません。

手先が器用で、練習時間もたっぷりあるプロゴルファーならまだしも、あまり練習時間がないアマチュアが、何十本ものクラブを使いこなすのは正直難しい。

たとえば、アプローチで多く見受けられるミスに、ウェッジを短く持ったにも関わらずトップしてしまうということがあります。これは、クラブを短く握ったためにへッドが軽く感じ、打ち急いでしまったからです。手先の小さな動きができやすくなった弊害とも言えます。メトロノームにたとえると、わかりやすいです。メトロノームは、重りの位置を変えなければ振れ幅に関係なく、同じ周期で動きます。重りの位置を変えると周期が速くなったり遅くなったりします。

スウィングもこれと同じで、**クラブを握る長さを変えなければ、ウェッジでのフルショットも距離のないアプローチも、同じリズムで打ちやすい**と思うのです。もちろん、「やっぱり距離のないアプローチはクラブを短く握りたい」という考えを否定するつもりはありません。これは個々の好みですので。

ポイント

アプローチも目一杯の長さで握る

アプローチでもフルショットでも、同じグリップの長さで握り、一定のリズムで打つのが田村流。

それでも一応、距離のないアプローチでも手先を動きやすくする対策はとっています。それは、ウェッジのヘッドバランスを軽めの「D0」にしていること。

アプローチでも、通常の長さで握れるように、**最初からヘッドバランスを軽めにし、クラブは短く持たずに、振り子の原理で振る**ようにしています。

上達のヒント

握る長さを変えなければ
同じリズムで打つことができる。

20 ウェッジの距離の打ち分けもアドレスでの左足の位置で決まる

ウェッジの距離の打ち分けは、振り幅の大きさで調整しています。アイアンもそうですが、その番手を普通に振ったときの最大距離を基準として把握しておいて、それから振り幅を小さくして距離を落としていきます。フェースをかぶせたりして、最大距離以上に飛ばすようなことはしません。スウィングを崩したり、距離感の基準がなくなるからです。

私の場合、距離によってクラブを握る長さを変えることはなく、つねに長く握っていて、ヘッドの重みを感じながら振り子の要領でヘッドを振っています。そして、テークバックとフォローの大きさを同じにしています。

テークバックの大きさは、アイアンの距離の打ち分けのときにも述べましたが（P69参照）、アドレスで左足を後ろへ引くことで調整しています。オープンスタンスに見えるかもしれませんが、ひざから上の体の向きは目標方向に向けておきます。つまり、左足の引き具合によって、普通に振ってもテークバックが大きく振れないようにリミッターをかけているのです。

スウィングはつねにフルショットをしている感覚。短い距離ほど左足を大きく後ろに引く。ただそれだけで、いいんです。

ポイント

距離の調節はアドレスで左足を引く

アイアンもウェッジも、距離の調節はアドレスで左足を引くだけ。距離に応じて引く度合いを変える。それだけで振り幅の調整ができる。

上達のヒント

ウェッジでも振り幅の調節は左足を引くだけ。

21 パッティングの基本はパターの芯でボールの芯を打ち抜く

ドライバーもアプローチも振り子の原理で振ると言いましたが、もちろん、パッティングも振り子のイメージで打っています。

振り子運動であれば、物理学上、最下点で重りのスピードがいちばん速くなるはずですから、そこでボールをとらえています。そうすれば、パッティング（振り子）の振り幅でボールの転がる距離もだいたい決まり、距離感も合いやすくなります。

よく、グリーンの速さなどによって、インパクトの力加減で距離を調整するという人がいますが、勘頼りになるので狂いやすいと思っています。

パッティングの基本は、あくまでもボールの芯をパターの芯で打ち抜くということです。ときどきパッティングのレッスン書などで、「スライスラインとフックラインでボールの位置を変える」「下りの速いラインではパターの芯を外して打つ」というようなことが書かれていますが、そんなことを考えて「ここいちばん！」の局面のパッティングなんて打てるわけがありません。

ポイント

振り子のイメージでストロークする

パッティングでも、しっかりフェース面にボールを乗せていくイメージ。ボールの芯をパターの芯で打つことがいちばん大切。

上手い人ほど単純に、つねにボールの芯をしっかり打ち抜いています。藤田寛之プロ、谷原秀人プロ、竹谷佳孝プロなど、パッティングが上手いと言われているプロは、速いグリーンでもそれができています。私を含め、プロでもなかなかできないことなんですよ。彼らと一緒に回るたびに、いつも感心させられています。

上達のヒント

パターも振り子で打てば距離感が合いやすい。

22 プレッシャーを感じないパッティングの構えを作る

パッティングで難しい状況のひとつに、「下りの順目」というのがあります。プロでも嫌なケースですが、アマチュアの方の場合、このラインが残るとちょっと萎縮してショートしてしまったり、逆にそーっと打とうとしてパンチが入り、大オーバーなんてこともあるかもしれません。

ただ、私はアマチュア時代から「ゴルフは的当て」だと思っていて、グリーンへ打つショットはカップ狙いで「手前から」攻めないため、下りのパットが残ることが多く、それなりに対策を立てているので、実は苦手意識があまりありません。

どのような策かというと、まずは**プレッシャーを感じても、それがストロークに影響しにくい構えを作る**ことにしました。最初はどうしたらプレッシャーを感じなくなるだろうかと考えていましたが、人間の性格は変えられないと悟ったからです。

具体的には、**グリップを親指と人差し指では極力握らないように（外して）、中指、薬指、小指で握る**ようにしています。基本的には両手ともです。これは、前にも述べたとおり（P27参照）、親指と人差し指は意識どおりに動かしやすい指（押す指）、中指、薬指、小指は意識してもそのとおりに動かしにくい指（引く指）だからです。そのグリップが作れたら、腕の内側（小指側）の筋に力を入れてストロークします。

そうすると、下りだからと頭ではビビっても、普段どおりのストロークがしやすいはずです。また、「これはどうしても入れたい」という意識が働いても、パンチが入りにくくなります。

また、道具でカバーする方法もあります。

私は以前、ツアーに出場したときに、あまりに速いグリーンに遭遇し、しばらくはビビってパッティングが強く打てなくなってしまったことがありました。そこで、そのときだけレディス用のボールに替えてみたのです。

すると、打感がすごくソフトで、強く打っても転がらない気がして、いくらでも打てるようになったのです。吹き上がり気味だったショットのスピン量も減り、とてもゴルフが楽になったのを覚えています。

それから、**速いグリーンには重量が重めのパター、遅いグリーンには軽めのパター**

を使うという手もあります。「逆では？」と思う人もいるかもしれませんが、重いパターは変に手が動かないので必要以上に転がりにくいですし、軽いパターはしっかり手を動かそうとするので、よく転がすことができます。

思うようにいかずに悩んでしまったときは、道具に頼ることもアイデアのひとつかもしれません。

上達のヒント

パッティングでも「引く」指でグリップする。

23 コース全体の傾きを知りラインは薄く読む

パッティングでは、ラインを読むことが重要ですが、実は私、ラインを読むのが苦手です。これは、ゴルフをしてきた環境も影響しているように思います。

私は、アマチュア時代はとくにラウンド数が少なかったですし、長年ホームコースだった賀茂CCのグリーンが割と平坦だったので、ついついパッティングを直線的に狙うようになったようです。逆に賀茂CCはバンカーが多く、花道が少ないので、アイアンで高い球筋を打つことは身に付きましたが……。

そうはいっても、ライン読みの基本というものはあります。

まず、グリーンの傾斜は、その**コースが存在している地形が、全体的にどういう傾斜になっているのかを大まかに把握することが大切**です。山の中腹あたりに造られたコースだと、全体的には山の頂上から裾野側に傾斜しているはずです。

たとえば、全体の地形が頂上側から裾野側に5度傾いていて、グリーンがその傾斜に対して3度傾斜を打ち消すように傾いていた場合、そのグリーンは水平方向に対しては（5度マイナス3度になるので）2度だけ頂上側から裾野側に傾いています。

ところが、そのグリーン上にいる多くのゴルファーは、このグリーンは（裾野側から）頂上側に傾いていると感じてしまいます。というのは、人間は多少の傾きに慣れてくると傾いているとは感じなくなるので、そのコースを歩いているうちに、コース全体が傾いていることを感じなくなるからです。だから、グリーン上でグリーンの傾きだけを感じてしまうのです。

ボールは、基本的には水平方向に対して傾いているほうに曲がるはずですから、水平方向に対しての傾きを把握しないと、意味がありません。全体の傾斜を把握していれば、「これはスライスに見えるけど、全体の傾斜が逆だからストレートだな」というような読み方ができるのです。

ポイント

コース全体の傾斜を確認する

ライン読みは、グリーン上の傾きだけでなく、コース全体の傾きを知っておくことが大切。

それから、もうひとつ、私が重視しているのが、ミドルパット以内は薄めに強く打つということです。**薄めに強く打つ利点は、必ずカップの上をボールが通るコースが存在し得るということと、外れても返しのラインが見えるということです。**

曲がるラインでオンライン上にショートしたとき、「強く打てば入ったのに」と言う人がいますが、これは、単純にラインを厚めに読み過ぎたミスパットと言えます。物理学上、同じ打ち出し角に打った場合、打ち出し時点と止まったボールとを結んだ線上にしかボールは止まらないので、同じ打ち出し角にいくら強く打っても絶対に入りません（傾斜が一定と仮定した場合）。

逆に、たとえばフックラインでボールとカップとを結んだ線より右に打ち出し、ボールがその線より左に止まった場合は、その打ち出し角で打って、必ずカップの上をボールが通る「強さ」が存在する、ということです。

もちろん**強く打てば、3パットの危険性は増えるかもしれませんが、1パットも確実に増えます。**私は、ずっと2パットよりも、パット数が1313131……と来て「3パットより1パットが多ければ、平均パット数は2を下回る」というくらいの気持ちでいいと思っています。

ポイント

ミドルパット以内は薄めに強く！

アマチュアのパッティングは強く打つくらいがちょうどいい。グリーン面のでこぼこに負けて急に止まったりすることも避けられる。

そうはいっても、ラウンド数が少ないとライン読みになかなか自信が持てないでしょう。でも、安心してください。パッティングで大事なのは、ボールの芯をパターの芯で打ち抜いて、狙った方向にボールを打ち出すことですから。大きな傾斜は誰でもわかるはずですし、微妙な傾斜については、ボールの芯を打ち抜いてさえいれば、ボールが傾斜を打ち消して転がってくれるはずですよ。

上達のヒント

3パットを恐れては1パットもあり得ない！

狙いどおりに寄せる上達のヒント

・アプローチはいつも「ロブショット」のイメージ。

・上げるか転がすか、ひとつに絞って練習する。

・握る長さを変えなければ同じリズムで打つことができる。

・ウェッジでも振り幅の調節は左足を引くだけ。

・パターも振り子で打てば距離感が合いやすい。

・パッティングでも「引く」指でグリップする。

・3パットを恐れては1パットもあり得ない！

田村ゴ《語》録③
田村さんって最近までアマチュアでしたよね？
ライターM 「田村語録」の出版でひと儲けを企むゴルフ記者
ゴルフダイジェスト
ええ
田村尚之《たむらなおゆき》 日本アマ23年連続出場の実績を引っ提げ 49歳でプロ転向
つい最近までサラリーマンでしたよね？
会社に籍は残っているので正確には「今も」ですかね
そんな人が——
伝説のプレーヤーがシノギを削るシニアツアーで……
ブルル ブルル
ゴルフダイジェスト
なんで賞金ランキング5位なんですか——っ！（2015年）
すごすぎます〜！
ブルル
ゴルフダイジェスト
そんな人って……

Columm 3

「パットは『3』を恐れず『1』狙い」

カッ
ナイスバーディ!
ありがとうございます
パットイズマネーはもっとも有名なゴルフの格言――
虚弱体質で闘争本能のカケラもない田村さんが賞金ランクの上位にいる秘密はパットにあるに違いない!
キラーン
はっ

バーディパットだが……7メートルはある
あちゃ〜〜〜 思ったより難しいラインですね〜〜〜
取材チャーンス!
キラーン キラーン
強い!?
コロ コロ コロ
コロ コロ コロ
いや 入っちゃうかも!?
ス

ピタッ
あちゃ〜〜〜残念
バーディならず
2メートル近く
オーバーした……
3パットの可能性も……
ちょ〜っと
ファーストパットが
強すぎましたかね？
？
全然？
えっ だって
2メートルも
……
僕の〝いつもの〟
タッチです
ど…どういうことですか？
パットは薄めに
強く打つのが
僕のキホン
スッ
いや
だから
強いっしょ！

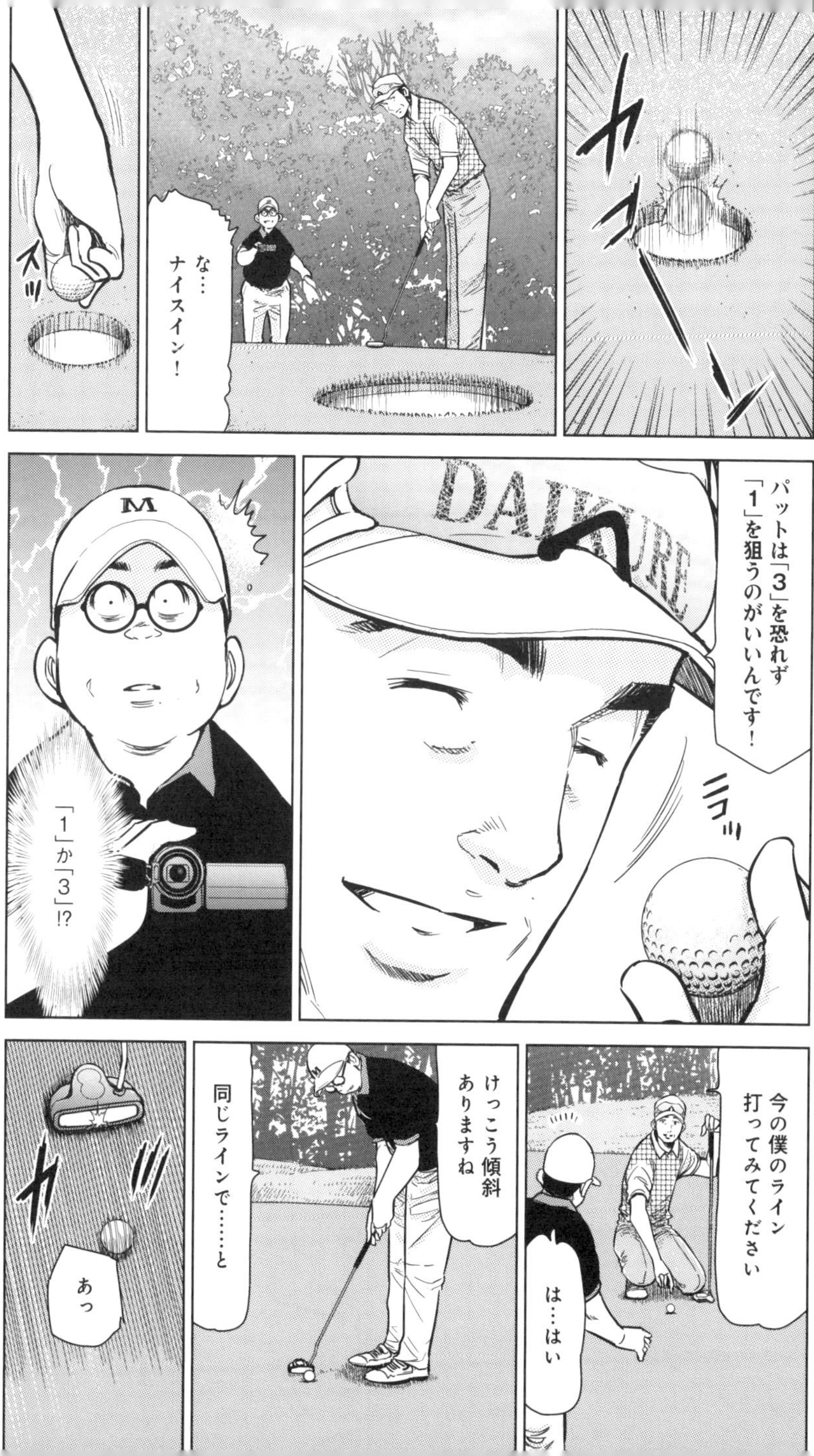
カコーン
な…
ナイスイン！
スッ
パットは「3」を恐れず
「1」を狙うのがいいんです！
コッ
「1」か「3」!?
今の僕のライン
打ってみてください
は…はい
けっこう傾斜
ありますね
同じラインで……と
カツ
あっ

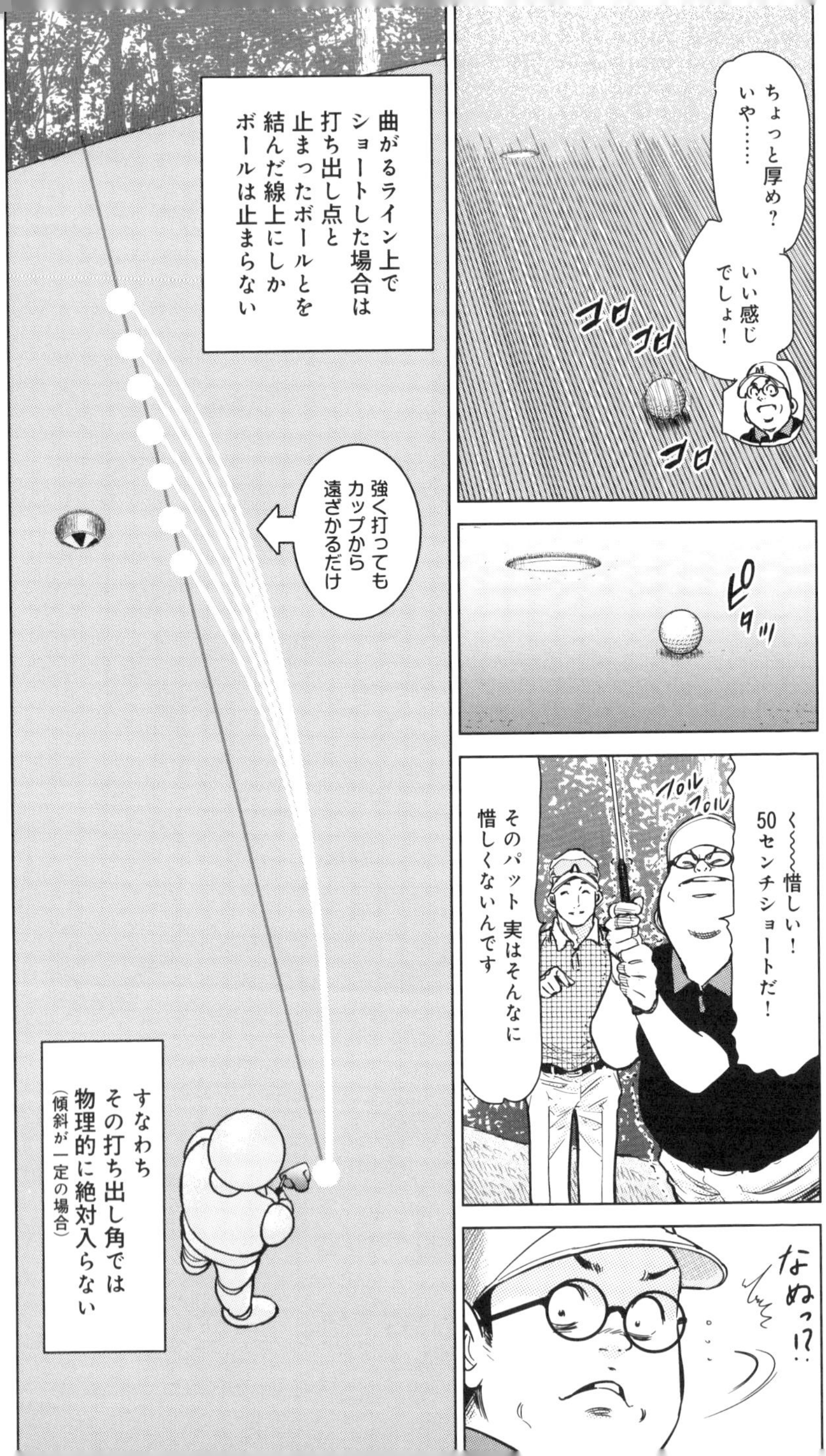
ちょっと厚め？
いや……
いい感じでしょ！
コロ
コロ
コロ
ピタッ
く〜〜〜惜しい！
50センチショートだ！
フルフル
フルフル
そのパット 実はそんなに惜しくないんです
なぬっ!?
曲がるライン上でショートした場合は打ち出し点と止まったボールとを結んだ線上にしかボールは止まらない
強く打ってもカップから遠ざかるだけ
すなわちその打ち出し角では物理的に絶対入らない
(傾斜が一定の場合)

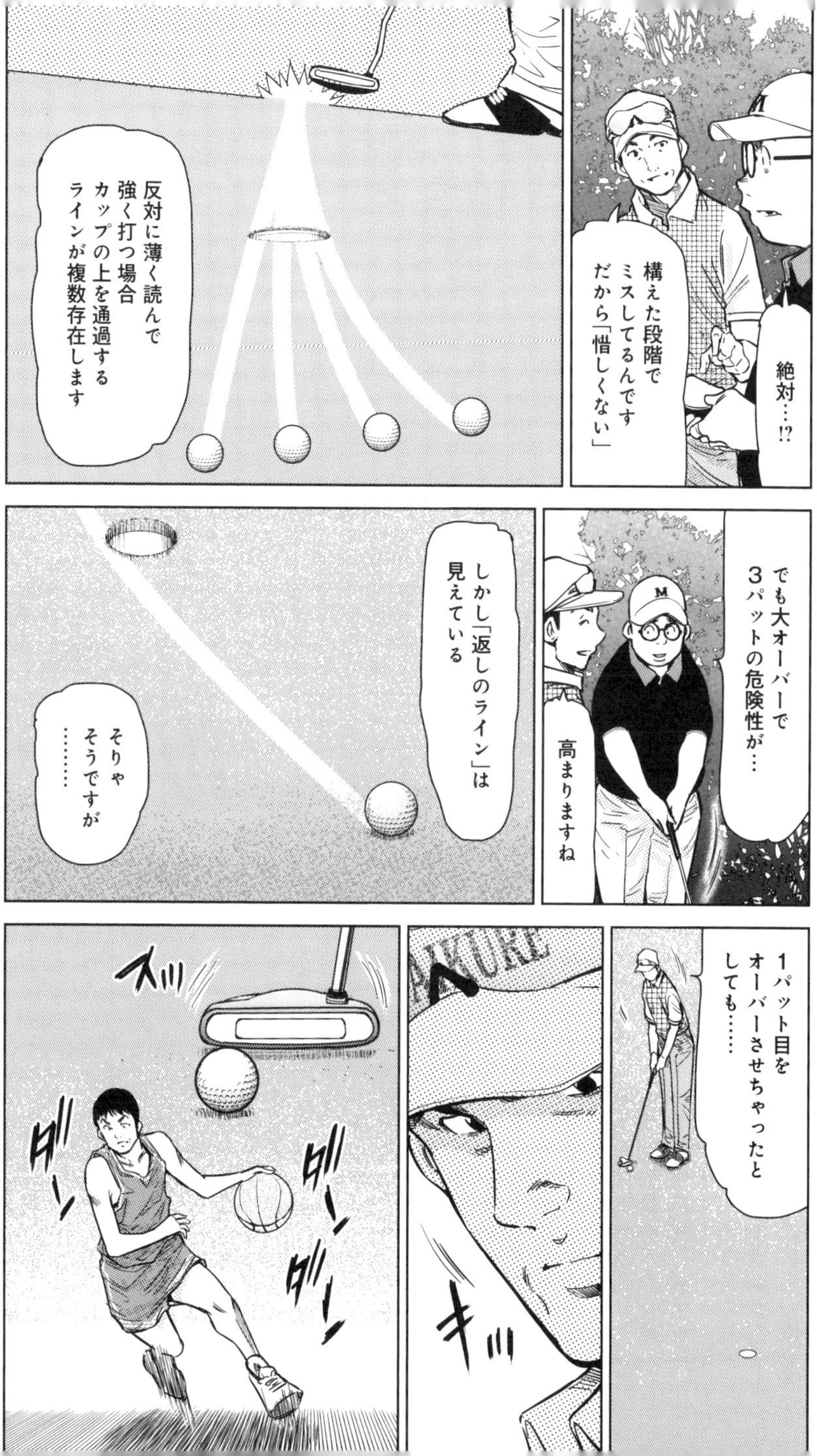
絶対……!?
構えた段階で ミスしてるんです だから「惜しくない」
反対に薄く読んで 強く打つ場合 カップの上を通過する ラインが複数存在します
でも大オーバーで 3パットの危険性が……
高まりますね
しかし「返しのライン」は 見えている
そりゃ そうですが ……
1パット目を オーバーさせちゃったと しても……
ギッ
ズッ
ダン
ダン
ダン

2パット目も
オーバーさせる強さで
ラインをさらに薄くして
打てば入るんです
ダンクシュートのイメージです
な……なんて
強気なんだ！

DAIKURE
うーん 強気とか 一か八《ギャンブル》かとは 違うかな〜〜
単純にいちばん 合理的なんですよ
7メートルを超えたら フツーに距離を 合わせますからね
ボク理系ですから〜〜！
!?
これは 極論ですが
1 2 3 4 5 6 7 8 9 T
1 3 1 1 3 1 3 1 1 15
ワンパットの数が スリーパットの数を 上回れば平均2以下
「3」を恐れていたら 「1」もありえない
ストッ
パットは 的当てなんです
スッ
そうか… ダーツや弓道も そもそも届かなければ 話にならない
カコーーン
銘酒 ボギイ
それと僕は カップと同じ口径の 一升瓶をイメージしてます カップに入れようと するより一升瓶に コーンと当てる方が ずっとやさしいですから

それにカップ周りってゴルファーに踏まれて凸凹があります
ジャストタッチだと思わぬ方向に転がる危険性がある
それも薄く強く打つ理由です
打ち方のコツはなんですか？
ショットもパットも同じですが――
振り子のイメージで打ちます
ボールとパターをカラダの真ん中にセットしストローク
振り子は最下点で速度が最大になります
緩むことはありません
常に「最速」でボールの芯をパターの芯で打ち抜くことに集中すれば――
同時に振り子の幅を変えるだけで距離感を調節できます
2m
10m

ひとつコツを付け加えるならばパターは中指 薬指 小指の3本指でグリップするのがいいと思います
どうしてですか？
この3本指は意識してもその通りに動かしにくいからです
動かしにくいといいことが？
プレッシャーに左右されないんです
シニアツアーの賞金総額は5000～6000万円
優勝争いしているとパットひとつで賞金額が数百万円変わってきます
優勝賞金
¥12,000,000
1打が…サラリーマンの年収レベル⁉
そんな時でも3本指でグリップし振り子の最下点でボールの芯を打ち抜くことに集中するんです
2メートルオーバーするタッチでね
それが――シニアツアー賞金上位のパット術か！
ただしボクには更なるプレッシャーが存在するんです
それは――

家族です
気合入れて稼いできなさい！
順位（賞金）と家族のプレッシャーに負けないためにも
パッティングは「1か3」なんです
あれ どうしました？
フル フル フル
感動したあああ！
これぞニッポンのお父さん！
もはや決まりでしょ！
第三の田村ゴ録は——
サラ サラ
パットは「3」を恐れず「1」狙い！
これだ！

第4章

田村流　トラブル解決術

24 フェアウェイバンカーでもかかと体重で打つ

ラウンドでは、同じコースを回ったとしても、一度として同じ状況の元でプレーすることはできません。それでも、いかに普段どおりに打てるかが大切です。

たとえば、フェアウェイバンカーに入れてしまったとしても、まずは、「バンカーは苦手」とか「特別な打ち方が必要」という、苦手意識を捨てることが大切です。

もちろん、アゴが高いとか、砂が軟らかくてボールが沈んでいるという場合は、グリーンに届かせることをあきらめて、確実にバンカーから脱出できる番手のクラブを選択するという必要には迫られます。「それでもなんとかして……」という気持ちは捨て、「バンカーに入れればそういうケースも起こり得る」と、あきらめるしかありません。**基本的にはバンカーはハザードであり、入れてしまえば1打の罰はしょうがないのです。**

ただし、アゴが高くなく、ライも悪くないフェアウェイバンカーの場合、どう打てばいいのかと問われれば、「バンカーショットということを意識せずに、普段どおり打ってください」と、私はアドバイスします。少なくとも、**つま先体重では打たない**

ようにしていただきたい。すなわちそれは、かかと体重に近い、と言えるかもしれません。

　というのも、もし、つま先体重にしてつま先が地面に着いていて、かかとが地面から浮いてしまったら、基本的には体の位置が高くなったことになります。単純に言うと身長が高くなる。そうなると、グリップの位置も高くなるわけですから、トップしやすくなると言えます。

　また、多くの方は、ガードバンカーと同じようにアドレスで足場を固めて足を砂に沈めようとしますが、これでは体の高さが低くなるのでダフりやすいですし、それを嫌って手打ちになることもあります。ですから、普段どおり、かかと体重で打てばいいというわけです。**スウィング中にかかとが地面に着いていれば、つま先が浮いても基本的には身長は変わらない**からです。フェアウェイバンカーからは、アドレスで足をあまり埋め込まずに、体が上下動しないように普通に打っていきましょう。

上達のヒント

バンカーで1打罰は仕方ない。普段どおりに打つことが大切。

25 バンカーショットは「水切り」の要領で！

前に述べたように、アプローチはロブショットのイメージで打っていますが、バンカーショットも基本的にはロブショットのイメージです。ただ、少し味付けが必要になります。

バンカーショットで避けたいのは、砂の中にヘッドが深く入り過ぎて砂の抵抗が強くなり、ボールがバンカーから出ないことです。このケースの大半は、ヘッドを上から鋭角に、しかもヘッドの歯（リーディングエッジ）のほうから砂に入れていることが原因です。たとえるなら、シャベルを砂場に突き刺して、砂を掘り起こしているような感じ。これでは砂の抵抗が強くなるだけで、ボールを脱出させることはできません。

では、脱出するためにどうすればいいと思いますか？

それは、簡単です。その逆のことを行えばいいのです。

私は、よくバンカーショットを「水切り」のように打ってください、と言っています。そう、子供のころに川や池で石を投げて遊んでいた、あの「水切り」です。平たい石を横投げで上手く投げれば、石が水の上で何回か滑るように跳ねてくれます。**バンカーショットもこれと同じように、ヘッドの入射角をフラットにすればいいというわけです。**

そのためには、フェースを若干開いて、いつもより少し左手のグリップをストロングに握ります。ハンドファーストにするとリーディングエッジから砂に入ってしまうため、**グリップの位置を真ん中寄りにしてシャフトが地面と垂直になるようにしましょう。そうすれば、ソールのバウンスが効いてきます。**

そして、テークバックでやや早めに親指方向にコックし、左肩を十分に回した回転運動で打つようにします。これでフラットな軌道で打つことができます。

フラットな軌道で、しかもソールのバウンスが効いていれば多少ヘッドが手前から入っても、砂に深く潜りません。つまりは、砂の抵抗を受けずに、ボールをバンカーから出せるということです。

その打ち方ができていれば、バンカーショットはダフらせていいのです。不思議なもので「ダフっても、だいたいこのあたりにヘッドを入れられれば大丈夫」と思うとダフりにくくなり、いいところにヘッドを入れやすくなります。

ポイント

ヘッドの入射角をフラットにする

フェースをやや開き、グリップはいつもよりストロングに。グリップ位置を真ん中寄りにして構える。テークバックでやや早めに親指方向にコックし、左肩を十分に回した回転運動で打つ。

また、この打ち方ができてくると砂の抵抗が少なくなるので、ボールがいままでより飛ぶような感覚になるかもしれません。

その場合は、「もう砂の抵抗は少ないんだから」と自分に言い聞かせて、勇気を出してテークバックを少しずつ小さくしていきましょう。

上手く打てているがために、ホームラン気味に飛んでしまう場合は、足を砂の中に深めに入れるか、ひざを少し曲げてみましょう。これで体の位置が少し下がった、ダフる構えとなり、ホームランはしなくなります。

上達のヒント

バンカーではヘッドを鋭角に入れずにフラットな軌道で。

26 傾斜のライでは「斜面に対して垂直」が正解

私のスウィングの基本はかかと体重ですが、傾斜からのショットは、「斜面に対して垂直に立つ」という一般的によく言われているアドレスです。左足上がりなら、体はやや右に傾ける。左足下がりなら体はやや左に傾ける。つま先下がりなら体はやや前傾になる。つま先上がりなら体はやや突っ立つ、という感じです。

これは、**インパクトでヘッドが入るスペースを確保し、「ヘッドの芯でボールをとらえやすい状況を作る」という意味合い**があります。

たとえば左足下がりの場合、体をやや左に傾け、体と地面との角度を平らな地面に立つのと同様に90度にすれば、ヘッドを入れるスペースは90度あり、ヘッドをボールの位置に入れやすい状態が作れます。逆に、もし20度左足下がりの状況で、地球の中心に対して垂直（重力方向）に立つと、ヘッドの入射スペースは70度しかないことになり、ヘッドをボールの位置に入れにくくなります。

また、左足上がりで地球に対して垂直に立つと、ヘッドが地面に突き刺さりやすくなってしまいます。同様の考え方で、つま先下がりなのに地球に対して垂直に立つと、体と斜面との角度が広がってヘッドの先が浮いてしまいますし、つま先上がりで地球に対して垂直に立つと、ボールと体の距離が近くなり過ぎてしまいます。

つま先体重やかかと体重と言っても、それはどちらかというとそちら寄りになっているということで、100対0ということではありません。

ただ、斜面に対して垂直に立つということは、重力はつねに一定方向に働くため、平らなところで構えるアドレスと違う「重心」になるということを頭に入れておいてください。つまり、スウィング中にその重心方向に体が引っ張られるということです。傾斜で打つときは体がブレないように、**重心が働く方向とは逆方向にやや踏ん張る。**

そして、スウィングはフルショットはせず、8割スウィングを心がけましょう。

ポイント

斜面では8割スウィング

左足下がりなら、体をやや左に傾けてアドレスする。フルスウィングではなく、8割スウィングでOK。

それから、もうひとつ、傾斜に対して垂直に立って打った場合、頭に入れておかなければならないことがあります。**それは、左足下がりでは水平方向に対してロフトが立つことになりますから、ボールの弾道が通常のその番手の弾道よりも低くなる**ということです。

もし、打った場所よりもグリーン面が下がっている場合は、グリーン面に対してのボールの落下角はさほど小さくなりませんので、ボールは止まります。したがって、クラブの番手をやや下げて、キャリーオーバーさえ防げば、とくに注意することはありません。

問題なのは、左足下がりなのにグリーン面がその打点よりも上がっている（打ち上げの）場合です。**基本どおり傾斜に対して垂直に立って打つと、グリーン面に対してのボールの落下角が小さくなるので、ボールが止まりにくくなる**のです。

でも、アマチュアの場合は、傾斜に対して垂直に立ち、まずはグリーン面にボールを落下させることを考えるべきです。ボールがピンを多少オーバーするのは、覚悟しておきましょう。

もし、プロのトーナメントでの優勝争い、最終ホールでこうした状況を迎えたら、あえて地球に垂直に立って、入れにくい入射角にヘッドを入れ、ボールの高さを出して、ピンの近くに止まるようにするでしょう。ショットの難易度が格段に上がり、できるかどうかは「神のみぞ知る」ですが、覚悟を決めるしかありません。

そして、その覚悟ができるかどうか、それがトッププロとそうでないプロとの差と言えるのかもしれません。

上達のヒント

斜面ではヘッドの芯でボールをとらえる状況を作る。

27 ラフがキツくなればなるほどハンドレート気味で打つ

みなさんは、ラフからどうやって打っていますか？

フェースは開かず強くグリップして打ち込むという人もいれば、フェースを開いて滑るように打つという人もいるかもしれません。

しかし、私には、「強く握る」という発想がよくわかりません。芝の抵抗が強くて引っかけてしまうとしても、インパクトの際に手の中でグリップが回転することはないと思います。

ラフで引っかかるのは、ヒールのリーディングエッジが芝に突っかかって止まり、ヘッドが返ってしまうからでしょう。原因として考えられるのは、クラブのライ角が立ち過ぎていてヒール側のみが接地している。あるいは、芝に負けまいとしてハンドファーストになり過ぎていて、結果としてバウンス角がなくなり、地面に刺さり気味になる。はたまた、グリップをしっかり握ろうとして手首に力が入り、手首を必要以上に返してしまうのかもしれません。

また、フェースを開いたまま打つというのも、フェースがボールの下を通りやすく、上っ面にボールが当たる、いわゆる「ダルマ落とし」が多くなり、上手くボールに当てることができないと思います。

私の場合、一言で言うと、「ソールのバウンス角を使う」ということですが、もう少し具体的に言うと、**ソールの後ろ側（トレーリングエッジ）のヒール寄りの部分を接地させて滑らせます。そうするとフェースも返りにくくなります。**

このときに大事なのは、グリップの位置は体の中心（あるいはやや右足寄り）、いわゆるハンドレートで構えることです。私のスウィングの基本ですね。この位置でフェースを開くとバウンス角が大きくなり、ソールが芝の上を滑りやすくなります。

ポイント

ソールの後ろ側のヒール寄りを滑らせる

ハンドレートで構え、トレーリングエッジを接地させて滑らせる。

バウンス角が大きい＝フェースの下に「下駄」を履いた状態になるので、ヘッドが高い位置に来ます。その状態で振れば、フェースがボールの下を潜る率がぐっと減るので、ダルマ落としを恐れずに思い切って振れるのです。

それから、私がよく言っているのは、日本のコーライ芝では**ラフでもボールがいくらか浮いているため、ボールが何階にいるのか（どの高さに位置しているか）、打つ前にしっかり見極めろ**、ということです。

それによって、フェースの開き具合やバウンス角を調整して、できるだけフェースの高さをボールの存在する階に合わせるのです。

フェースの位置がどのくらい高くなっているのかは、アドレスして真上から見ればなんとなくはわかるかもしれません。

たとえば、フローリングなどの平らな面で右上に明かりがあって、そこから強い光が出ていれば、リーディングエッジの前に影ができるため、浮き加減が確認できます。浮いていなければ、右上から光が当たってもリーディングエッジと床がくっついているわけですから、影はできません。

また同じ光の状態で、フェースを開いたり閉じたり、手の位置をハンドファーストやハンドレートにすると影の長さが変化して浮き方がわかりますので、打つ前に確認してみるといいかもしれません。

ポイント

浮いたボールに要注意！

コーライ芝の場合、ラフでもボールが浮いている場合がある。打つ前にボールが1階にあるのか2階にあるのかを見極めることが大切。

上達のヒント

ラフからの脱出はバウンス角を使ってソールを滑らせる。

28 冬芝の攻略法はスウィング変えずにクラブを替える

夏場のラフに苦手意識を持つアマチュアは多いですが、冬の芝もなかなか手ごわいライです。日本に多く見られるコーライ芝では、フェアウェイでもラフでも、春から秋は多かれ少なかれボールが浮いていますが、冬の枯芝ではボールが沈みがちになるからです。

冬の枯芝のときは、アイアンで打ち込んだり、右打ちの人はボールを右足寄りに置いて打つ人もいるようですが、だんだんその傾向が強くなっていくと問題ですので、気を付けなければなりません。

また、春になってボールが浮いて来たのにそのままのスウィングだと、フェースの上の部分にボールが当たりやすくなり、飛距離が落ちてしまうので、悪い癖にならない程度に春には戻すことが大切です。

ただ、一年中スウィングを変えずに済ませる方法もあります。

それは、**冬用にソールのバウンス角が小さめのアイアンやウェッジを使うことです。**

リーディングエッジが浮きにくくなるので、アドレスしたときにあまりボールが沈んでいないように感じられます。
ただし、冬用だからといって、シャフトを軟らかくする必要はありません。冬は若干しなりが小さくなるかもしれませんが、振動数を変えてしまうと、シャフトがしなり戻る速さが変わってしまい、スウィングのリズムを変える必要が出て来ますからね。

上達のヒント

冬はソールのバウンス角が小さいクラブが有効。

29 林に入ったらまずは大きな深呼吸

昔から、「ゴルフはいかにミスを少なくするかのゲーム」とか「ギャンブルはなるべく避けて」という格言的な言葉をよく聞きました。たしかに、つねにギャンブルショットをするのはいかがなものかと思いますが、私はつねに「前に、前に！」という気持ちを持ってゴルフをしています。

ゴルフに限らず、人間は欲の塊だと思います。「欲はかくな！」と言うのもわかりますが、欲がないと前にも進めませんし、勝つのも難しいはずです。私はアマチュアの方には、とにかくゴルフを楽しんでもらいたいと思っています。

その楽しみ方は、人それぞれだと思います。難しい局面を多少無理して乗り切った達成感も、そのひとつでしょう。

ただ、アマチュアの方は、「その状況でそれは１００パーセント上手くいかないでしょう」という当たりクジがないクジを引くようなことをよくされます。

たとえば、林に入ってしまった場合。

「とりあえず横に出したほうがいいよ」と言われても、自分自身が「行ける！」と思ったら、冷静になることを忘れ、力ずくで前へ打ち、大ケガをする場合もあるのではないでしょうか。

こういう場合、私がアドバイスするとすれば、**まずは大きな深呼吸をして冷静さを取り戻すこと**が大切だということでしょうか。

これはゴルフに限らず、なにごとにも言えることかもしれませんね。

上達のヒント

「行ける！」と思っても一度冷静に考えてみる。

トラブルを乗り越える
上達のヒント

・バンカーで1打罰は仕方ない。普段どおりに打つことが大切。

・バンカーではヘッドを鋭角に入れずにフラットな軌道で。

・斜面ではヘッドの芯でボールをとらえる状況を作る。

・ラフからの脱出はバウンス角を使ってソールを滑らせる。

・冬はソールのバウンス角が小さいクラブが有効。

・「行ける！」と思っても一度冷静に考えてみる。

田村ゴ《語》録④
フェアウェイど真ん中の絶好のライ！
グググッ
乗せるぞ——っ！
カッ
シュォォォォ
GO
GO

Columm 4

「ボールが『何階』にあるかを見極める」

ポテッ
んが！
ガクッ
残念でした
田村プロ 今のは何がいけなかったんでしょう？
そうですね ボールが3階建ての2階部分にあるにもかかわらず あたかも1階にあるかのように振ってしまったので 結果的に上っ面に当たっちゃいましたね

……な
……？
何を言ってるのか
まったくわからない！
すみません
説明不足でした……
で 何なんですか
3階とか2階とか
ボールの「高さ」の
目安です
むき出しの地面を
「1階」としたら
Mさんの今のショットは
2階部分にボールが
あった……
つまり
「浮いていた」という
ことです
浮いていた？
いま私は
フェアウェイから
打ったんですけど……

フェアウェイだからこそです
どーん
ボールが「何階」にあるかを見極める！
これが2打目以降のナイスショットの合言葉なんです
むむ！「田村ゴ録」の予感！詳しく教えてくださいっ
日本に多いコーライ芝のフェアウェイは刈り高が大体10㎜前後
地面が1階芝の先端が3階とすれば
約45グラムのボール自体の重さで少し沈んでボールがあるのは「2階」
3F
2F
1F

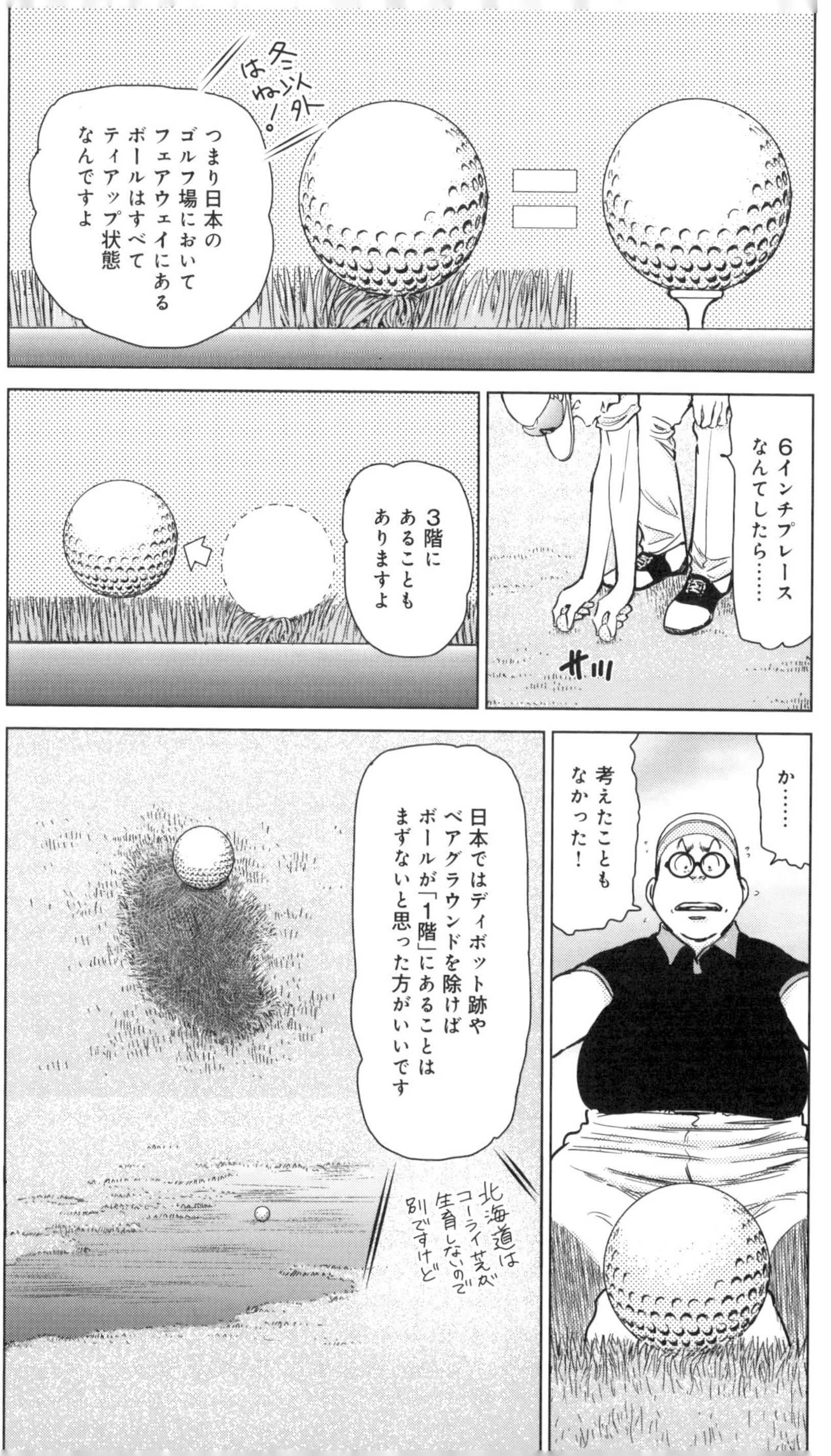
つまり日本のゴルフ場においてフェアウェイにあるボールはすべてティアップ状態なんですよ
冬以外はね！
6インチプレースなんてしたら……
3階にあることもありますよ
か……
考えたこともなかった！
日本ではディボット跡やベアグラウンドを除けばボールが「1階」にあることはまずないと思った方がいいです
北海道はコーライ芝が生育しないので別ですけど

田村さん……
ティアップ状態であるなら簡単なはずなのに――
グス…
何でミスしちゃうんでしょう……
Mさんはよく練習場へ行かれますか?
はい練習だけは熱心ですから
アイアンはダウンブローに打てって教わりますけど
その意識で打ち続けているとあることに気付かなくなってしまうんです
実は大ダフリしてるってことを
!?
練習マットの上ではクラブヘッドがボールのかなり手前で落ちてもソールが滑ってヒットしてくれます
ダフってるにもかかわらず芯に当たってしまうんです

これを日々繰り返すのは——
ドカッ
ヨイショ
ドカッ
ヨイショ
わざわざダフリをマスターしてるようなものです
8
結果フェアウェイではどうなるか
ボールは浮いている上に更に手前から打ち込むことになる
仮にダフらなかったとしても上っ面に当たりやすくなるのは必然です
お…恐ろしい
あわわ……
ボールが「地面にある」という思い込みを捨てるだけで違ってますよ
そうか！フェアウェイ上も練習マット上もボールは——
そう！すべて「2階」にあるんです！打ちこむ必要なんてないでしょ？
2F
2F

フェアウェイからもパー3のティショットと同じつもりで打てばいいんですね
簡単でしょ?
よりシンプルにするならやはり――
クルッ
クルッ
ダウンブローでなくレベルブローのスウィングがおススメです
フェースが通る位置をしっかりイメージして
水平に振れば自然とクラブの芯が「2階」にあるボールの芯に当たりますから
練習場で僕はスタンスを取る部分にボールを置いて打ちます
ダフるとすぐわかる
その方がレベルブローのスウィングが身に付きやすいですよ
それでは田村さんラフはどうでしょう?あんなに沈んでては――
「ラフは沈む」これがまず間違い

へ？
ボールを深いラフに落としてみますね
ポトッ
ほら沈んでますよ
いえいえ上から覗けばそう見えるだけです
これを横から見ると——
5F
3F
いわば「5階」から「3階」に降りただけ
あわわ…もしかして——
やばいウロコが…
ラフの長さはコースによってまちまちですが30～50㎜くらいかなつまり——
ポトッ
フェアウェイより浮いている！

ラフのボールも「空中」にあるのです
キタ――――!
ポロ
ポロ
ポロ
ポロ
ウロコ落ちまくり――――!

沈んでいると思い込むと様々なミスが出ます
上からムリに打ちこんだり
力任せにマン振りしたりで大抵ミスになります
ブォン
ドカッ
だから何で僕がモデルなんですか!
ゆえにラフでも打ち方を変える必要はありません
でも……レベルブローじゃ芝の抵抗に負けませんか?
ラフって何でしたっけ?
やあ!
何って……草?
アイアンは?
おう!
……鉄?
鉄と草がケンカしたらどっちが勝ちますかね
ガッ
鉄っす
大丈夫!力まずに振ればクラブは芝の抵抗に負けません
「おじゃまします」という気持ちでソールを滑らすようにクラブを走らせる〝がんばらないインパクト〟がラフでは最も有効なんです

上半身はがんばらないけど
下半身はちょっぴり踏ん張る
ゆるっ
ぐっ
ややガニ股気味に
構えたら……
ハンマー投げの
イメージで右足を
ベタ足のままキープ！
インパクトで
左手を止める
イメージ！
——そうすれば
ヘッドが
走る！
すごすぎる！
ラフからこんなに
高い球が打てるのかっ！
カンタンですよ
今のはボールが3階にあった
すなわち——
ティアップ状態って
わかってましたから
ササッ
よ〜し
決まった！
第4の
田村ゴ録は
これだ！
ボールが
「何階」に
あるかを
見極める！

第5章

田村流　心と体の整え方

30 スタート前の練習はしない

みなさんは、スタート前にどれくらい練習をしていますか？

私は、もちろん「練習嫌い」なので（笑）、プライベートのラウンドでは、スタート前の練習はまずしません。ロッカールームで簡単なストレッチをするだけのことが多いです。さすがに試合当日の朝は、練習場でボールも打ちますが、ストレッチの延長くらいで20球くらいでしょうか。

なぜ朝練習しないかというと、スタート前に不安になるのが嫌だからです。本気で打っているのに、ボールが曲がったりダフったりしたら、不安な気持ちでスタートを迎えることになりますよね。それが嫌なんです（笑）。

「今日は当たりが薄い」と思ったら、ボールをつかまえにいくでしょ。そのイメージでスタートしたら、引っかけばかり出てしまうとか。

また、調子がよかった場合も困りものです。「よ～し、今日はいける！」と思ってスタートしたために、無理なバンカー越えや難しいピン位置を無理に狙ったりして、数ホールでガッカリ、とか。
「スタート前に練習するな！」とは言いませんが、**練習の調子がよくても悪くても、つねに気持ちをニュートラルな状態でスタートすることが重要です。**逆にいい感じでラウンドを終えたときは、できるだけ練習して帰りましょう。いいイメージの残像を、体や頭に残すためです。

とはいえ、プロやトップアマの中には、どうしても毎日ボールを打ってないと不安を感じる人もいるようです。トーナメントのスタート前の練習では、球数制限がない場合が多いので、そういう不安を感じやすい人の中には、キャディバッグごと練習場に持って行って、ほぼすべてのクラブを真剣にがんばって打つ人もいます。
私はそれでは18ホール持たないので、絶対にやりませんが……。

上達のヒント

スタート前の練習に左右されないように気持ちを保つ。

31 「タムちゃん体操」で柔軟性と筋力を保つ

往年の名選手でも、年齢を重ねると、トップでは右股関節で体重を受けとめられない、腰が回転し切れていない、トップで腕が上がっていない、というケースが多くなるようです。

私の場合、元々体が硬いので、あまり極端に硬くなったとは感じていませんが、それでも、**肩回りと腰及び股関節の可動域が狭くならないように、可能な限り毎晩ストレッチをしています**。また、試合中は難しいですが、地元で整形外科のリハビリ科に週1回以上は通って、体のケアをしてもらっています。また、ゴルフ用にとくにこれといったストレッチは知らないのですが、いつも私のオリジナルの「タムちゃん体操」をやっています。

ゴルフのスタート前も寝る前も、やる内容は「タムちゃん体操」ですが、少しだけやり方を変えるようにしています。というのは、通常、夜に家などで「タムちゃん体操」をやるときは、ゆっくりとひねった状態で、そのまましばらく静止しできるだけ筋肉を伸ばすように心がけています。

スタート前などは、同じ内容でも、静止して伸ばすというよりは、少し戻してまた反動を付けてひねったり、少し力を入れて動かしながら伸ばすようにしています。これといった理由はないのですが、スタート前にただ筋肉を伸ばすだけでは、少しダラーッとして力が抜ける感じがするんです。

またストレッチはもちろん大事ですが、ただ伸ばすだけでは、筋肉量が落ちていく可能性があると思うので、ストレッチと同時に、少しでも筋肉を鍛える工夫もするようにしてみてください。

タムちゃん体操

【その１】　仰向け編

❶仰向けになり片方ずつひざを抱える。
❷片方ずつ足首を持ち足を真っすぐにして上に上げる。
❸片方ずつ足首を反対の足のひざの少し上に乗せ、乗せたほうの足をそのまま抱え込む。

❹上半身はそのまま、腰から下を回転させる。

【その２】

短距離走のスタートのように片ひざをついて、もう一方の足を前に出し前に体重をかける。

【その３】

うつ伏せで両ひざを曲げて、両手で足首を握り腰側に引っ張る。

【その４】

正座の状態から両手を前に出してひれ伏し、肩をできるだけ下げる。

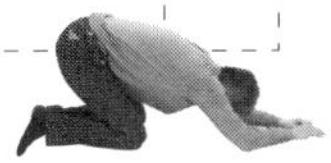

無理して筋トレをする必要はありません。なるべく階段を登る、両脚の間に物を挟んで股に力を入れてみる、胸の前で両手を合わせて両手で押し合いっこをするなど……。ほんとにちょっとしたことが、長い年月で大きな差になると思いますよ。

ポイント

空いた時間で筋力アップ！

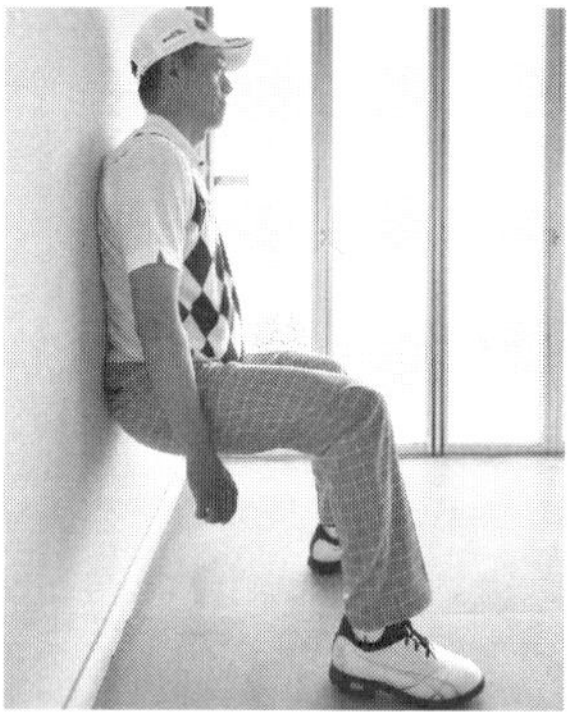

体が固まりそうになったら、意識して体を動かすようにする。

上達のヒント

可動域が狭くならないように肩回りと股関節を伸ばす。

32 ボールを打つとき以外はゴルフのことを考えない

練習場では気持ちよく打てるのに、コースでは目に見えないプレッシャーや前のホールで起きたOBやミスショットのことをずっと引きずったりして、本来の力が発揮できない。これは、多くの方々にあることだと思います。

競技をしている方々を大別すると、①本番で普段の力が発揮できない＝普通、②本番で普段どおりの力が発揮できる＝一流、③本番で普段以上の力が発揮できる＝スーパースター、だと私は思っています。

人間の本質はなかなか変えられるものではないので、プレッシャーがかからないようにするにはどうするかを考えても、答えはなかなか見つかりません。

私の場合、そういうことは早くからあきらめて、プレッシャーがかかってもショットに影響しにくい方法を考えるようにしました。前に述べたグリップを「引く」指で握ることも、影響を回避する方法のそのひとつです。

また、悪い結果は忘れるようにしているというか、あまり覚えていないんです。それは試合中でも、セカンド地点や次のティグラウンドに向かって歩いているときに、「夜はなにを食べようかなあ」とか「今日はなにか面白いテレビ番組あったっけ?」とか、ゴルフに関係ないことばかり考えているせいかもしれません。

思い返してみると、**ボールを打つとき以外は、ほとんどゴルフのことを考えていないんです。**プロ同士でも、ゴルフとは関係のない話をすることが多いですし、そうそう、シニアツアーでは、孫の話が出たりします(笑)。

ポイント

ゴルフ以外の会話を楽しむことも大切

ミスショットのことをいつまでもブツブツ言い続けるのは悪循環。試合中でもゴルフと関係ない話で気分転換することが上手くいくコツ。

前の組がつまっていて、**それを待ったあとにミスすることが多い人は、待ったせいで体が固まったことが原因**かもしれません。そんなときは、意識的に体を動かしてみましょう。

私の場合、両腕を肩からゆっくり回転させたり、股関節を伸ばすストレッチをとり入れていますが、以前、セカンド地点で待たされたときに、前田健太投手がよくやっている、腕をグルグル回す「マエケン体操」のマネをしてみたところ、「おっ、これは結構いい！」とつい熱中してしまいました。

気が付くと、同伴プレーヤーはグリーンに……。やはり、普段どおりでないことをするのは控えたほうがいいですね。

上達のヒント

なるべくゴルフに関係ないことを考えて気分転換する。

33 「自分がいちばん上手い」と思い込み緊張をほぐす

どうして朝イチのティショットって、あんなに緊張するものなのでしょうかねぇ。大勢の人が見ているティショットに限らず、会社の会議などで人前で話すことを苦手としている人は多いのではないでしょうか。

私の場合は、見られている人の数よりも、その大会の大きさ、重みのようなものにプレッシャーを感じていました。１９９０年に初出場した日本アマでは、１番ティで手が震え、ティペグがなかなか刺さらず、それでティが高かったのか、ティショットはテンプラ。１００ヤードくらいしか飛ばなかったですから。

そういえば以前、面白い話を聞きました。

私の友人に広島カープのエースだった佐々岡真司さんがいますが、彼いわく、引退後に初めて出場した島根県のアマチュアゴルフ大会の1番ティで、足が震えてなかなか打てなかったそうです。「5万人の観客の前で投げてもなんともなかったのに、まさかギャラリー数人の前で足が震えるとは……」って。人前に出慣れていても、専門以外のことになると、それは役に立たず、緊張してしまうのかもしれません。

私も、会社の会議で発言するときなどは緊張しましたが、おまじないをかけると、あまり緊張しないようになりました。「多分この中でゴルフは俺がいちばん上手いぞ！」と自分に言い聞かせたのです。もちろん、威張るわけでもないのですが、自分に言い聞かせることでなんとなく自信が湧いて来て、楽に発言できた気がします。

自分の得意分野を持つのは大変だとは思いますが、なるべく**他の人に勝っているものを見つけるか、またはそうなるように精進して、「自分はその分野では他の人には負けない！」という自信を身に付けてみるのも、緊張しないコツかもしれません。**

ちなみに、とくに1番ティで緊張する人は、自分の順番が来るまで黙っていないほうがいいです。なるべく、周りの人と話をするようにしてみてください。黙っていると、ついついどうやって打とうかとかミスしたらどうしよう、とか考えてしまいますから。「おい、お前の番だぞ！」って言われるくらいになれば、しめたものです。

上達のヒント
**沈黙はダメ！
緊張するならおしゃべりしよう。**

34 長くゴルフを楽しむためには休息も必要

私の場合、普段の生活から「いかにゴルフを抜くか」ということを考えています。試合では集中しなければならないし、優勝争いなどをしていると、どうしても極限の状態になっているので、一旦ゴルフを抜かないと、またゴルフに入れないんです。

ですから、仕事上どうしてものとき以外は、アマチュア時代からずっと1月から3月の3か月間は、ラウンドはおろか、練習もしません。寒い冬にゴルフをしてケガをしたくない、シーズンを乗り切れるようにしっかり体を鍛えたい、「またゴルフがしたい！」というフレッシュな気持ちで春が迎えられるように頭と体からゴルフを抜きたい、というのが主な理由です。

ただ、時間があるときはジムには通って、春から動けるように準備はしていました。そして春になると「さあ、今シーズンもやるぞ！」というフレッシュな気持ちで迎えられたのです。もしかしたら、これが長くゴルフを続けられた秘訣かもしれません。

シーズンが始まると、ラウンドが土日のどちらかで週1、練習はそのラウンドの後か、ラウンドしなかった日の、やはり週1くらい。そして平日で時間のある夜に週1

か週2でトレーニングジムへ、という生活リズムでした。家で時間があるときは、マットでパター練習はしていましたけど……。

もちろん、みなさんに「冬はゴルフをするな」「毎日練習するな」とは言いません。それぞれの季節によって楽しみ方が違うでしょうし、ゴルフにハマってしまって、ゴルフのことが頭から離れない、いますぐ練習したい、という方もいるかもしれません。

ただ、私の経験から言えることは、プロになっても、**「一定期間ゴルフを抜く」という生活習慣を変えなかったことがよかったのか、いまのところ成績もなんとか安定し、いつも新鮮な気持ちでゴルフに取り組めています。**

この本を手にとってくださったみなさんは、いま、ものすごくゴルフに興味を持っている方ばかりかと思っていますが、なんとか自分のスタイルを確立して、長くゴルフを続けられるようにしてくださいね。「熱しやすく冷めやすい」にならないように、「なが〜く愛して」くださいね。ゴルフに限らず、ですよ。(笑)

上達のヒント
頭と体からたまにゴルフを抜くと新鮮さがよみがえる。

無理なくゴルフを楽しむヒント

・スタート前の練習に左右されないように気持ちを保つ。

・可動域が狭くならないように肩回りと股関節を伸ばす。

・なるべくゴルフに関係ないことを考えて気分転換する。

・沈黙はダメ！　緊張するならおしゃべりしよう。

・頭と体からたまにゴルフを抜くと新鮮さがよみがえる。

第6章

Q&A 18ホール

Q 1

アドレスからスッとクラブを上げるスウィング始動のコツはありますか？

プロでもテークバックを上手く始動できない人や、トップから下ろせない人とか、いるんですよね。本当にイップスというのは恐ろしいもので、ふとしたきっかけで起こるようですから、自分もそうならないように気を付けないと、と思っています。

スウィングの始動は、私の場合、とくに気にはしてないのですが、右腰あたりを右に回すことから始めているような気がします。

これは、自分がジュニア時代に非常に非力だったので、重いクラブを始動させるのに手で上げるのでは無理で、腰を使って「よいしょ！」と勢いを付けて上げていたことに起因しています。

ただ、結果的にはそれがよかったのかもしれません。手の余計な動きは抑えられますし、デンデン太鼓のように回転運動になって、腰を痛めることなく長くゴルフが続けられたわけですから。

Q 2 オーバースウィングが直りません。フェースも開いたままで、スライスのミスばかりです。

オーバースウィングが必ずしも悪いとは、言い切れないと思います。ジョン・デーリーや横峯さくらプロなど、オーバースウィングで大活躍したプロも実際にいますから。ただ彼らのスウィング軌道は、他のプロたちと同様にオンプレーンに近いのです。個々の柔軟性など、体の特性がなせる業なのでしょう。

オーバースウィングでスライスが出やすい人の多くは、テークバックの早い段階でグリップの位置が浮き、逆にヘッドが垂れてしまう状態になっています。具体的に言うと、左手の甲が上側、右手の甲が下側になり、ヘッドが上を向いた状態です。その状態からバックスウィングで右ひじをどんどん上げていけば、トップでヘッドはかなり垂れてしまいます。

また、トップでひじが曲がっていれば、やはりオーバースウィングになりやすい。たとえばアドレスの状態から、剣道の「お面〜!」を打つように、真上に腕を振りりかぶると、腕が伸びていればグリップの位置は頭の真上までしか来ませんが、ひじを曲げるとグリップは首の後ろまで来て、ヘッドは地面に近づきますよね。まずオーバースウィングは、テークバックの始動の仕方を変えられれば直りやすいと思います。

逆に、テークバックのどこで止めてしまおうか、と思うと直りにくいですし、もしできたとしても、スライスは直らないまま、さらに飛ばなくなるだけでしょう。

そこで、オーバースウィングを直すいい見本があります。

それは私です（笑）。

私のテークバックは、始動でヘッドの位置はそのままで、グリップを右にずらすように動かし、ヘッドが遅れて上がっていきます。私のように、テークバックで右ひじが開くと、右手甲が左手よりも下になりにくいことも知っておいてください。

よく、テークバックで右ひじを脇に付けたままテークバックするようにいわれますが、それを意識し過ぎると、テークバックの早い段階で左手甲が上を向き、フェースが開きやすくなりますよ。

3

Q 田村さんのように構えると、手の位置がきつく、ボールが右にプッシュします。

ハンドレートで構えることは、ボールを左側に置いていた人にとっては、手の位置がきつく感じられることがあるかもしれません。そうすると、手が窮屈なので体を開いてしまい、結果として振り遅れてボールが右に出てしまうケースがあります。

しかし、少し窮屈でも、体を開かずに体の正面でボールをとらえるようにしてみてください。イメージは「布団叩き」です。

おそらく、それまでは、体が開いて手が流れる状態が普通の感覚になっていたはずですが、「窮屈感」や「引っかかり感」は、きちんとボールを体の正面でつかまえられたときには必ず感じる感覚なのです。

たとえば、ひもを巻いたコマを飛ばす場合や、釣りで遠投をする場合、飛ばす瞬間に一瞬手元を戻す感じで、「引っかかり感」があったほうがよく飛ぶでしょ。「引っかかり感」を感じるから、左ひじがたためて、自然にフェースローテーションも使えるようになるわけです。

一方、左ひじが左（外）に流れれば、窮屈感は感じないでしょうが、フェースローテーションが上手く使えない、ということになります。慣れてくれば、この「引っかかり感」がないと、物足りない感じになると思いますよ。

Q4 田村プロはどんなシャフトを好んで使っていますか？

私のシャフトの好みは昔から一貫して、「しなり戻りが速い先調子のもの、かつ硬め」です。中学生になったころから一般男性用のクラブを使い始めましたが、最初から安いカーボンシャフトのドライバー&軽量スチールのアイアンでしたので、スチールシャフトのドライバーやダイナミックゴールドは打ったことがありません。

ドライバーでシャフトの「しなり戻りが速い」ものを好む傾向は、最近、さらに強くなっています。もともと私は非力なこともあり、とにかくシャフトに仕事をしてほしいと思っています。

クラブの進化が、シャフトの長尺化、ヘッドの慣性モーメントが大きくなってヘッドが返りにくい方向に進んだために、振り遅れないためには「シャフトのしなり戻りが速い走り系」のシャフトが非常に有効です。

Q5 アイアンセットを買い替えたら、どのくらい練習してコースで使いますか？

慣れたクラブでないと、コースや試合ではなかなか使えませんね。とくにアイアンは、練習場のようにいつも平らなよいライにボールがあることは少なく、いろいろな状況が待ち受けています。

そういう場合は、過去に似たような状況で打っていたときの経験値が、安心感を与えてくれるものです。

しかし、不思議なもので、何年かに一度、「これだ！」と思うクラブに出くわすことがあります。たいていのクラブは1球打てば「ダメだ……」となりますが、ごく稀に1球で「これだ！」となることがあるのです、そういう場合は、いきなりコースや

試合で使うことが多いです。

「こいつと長く付き合う」という覚悟ができたら、早くいろいろな経験をして経験値を高めておきたいからです。たいてい、その直感は合っていて、それから少なくとも数年は使うことが多いです。

ただこれは、その人の性格にもよりますし、私はアマチュアの方々には、とにかくゴルフを楽しんでいただきたいので、いろいろなクラブを替えて使うのも大いに結構だと思っています。

Q6 どんな基準でパターを選んでいますか？

まず、パターを大きなくくりで分けるとしたら、フェースバランスか否かで分けられると思います。指にシャフトを乗せてバランスをとったときに、フェースが真上を向くか、あるいはいくらか傾くか。真上を向けば、フェースバランスということになります。

私は7～8年前から、フェースバランスの2ボールパターを使っています。テークバックがインに入りやすい傾向にあったのを、フェースが真っすぐに動こうとするフェースバランスのパターの機能で補正してもらおうと思ったのがきっかけです。最初は練習だけのつもりだったのですが、すっかり手放せなくなりました。

車で言えば、フェースバランスのパターはオートマチック、そうでないパターはマニュアルと言えます。どちらを好むかはその人の好みだと思います。

Q7 田村プロはグリップにもこだわりはありますか？

私はドライバーからウェッジまで、バックライン有り・コードなしの、ノーマルなタイプのグリップを使っています。好きなクラブを使いたいので、とくにクラブ契約はしておりませんが、大変ありがたいことに、ほとんどのメーカーさんから試打用クラブは供給していただけるので、どのメーカーさんでも扱っている、一般的なグリップがいいのです。

昔は、同じタイプのハーフコードのものを使っていました。それが廃番になり、フルコードかコードなしを選択せざるを得なかったのですが、フルコードはたまにしかクラブを握らない私では、すぐに手や指の皮が剥げて使えませんでした。

またコードなしは、握った感覚はいいのですが、実際にスウィングしてみたらシャフトが軟かく感じ、慣れるのに半年以上かかりました。いままではグリップの下半分にあったコードがなくなり、その部分がたわんで、シャフトが軟らかく感じてしまったようです。

いまは、地元では「オキコバランス」というショップでグリップを差し替えてもらっています。グリップの重量を1本ずつ測って、そのクラブのバランスが変わらないものを選んで差してくれています。

それでも、グリップ自体の形に誤差があるのか、握ってみてしっくりこないものは、すぐに破棄して、また新しいものを差し替えてもらいます。それでしっくり来たら、半年ぐらいはグリップ交換しないかなあ。

グリップがちびるほど練習はしないもので（笑）。

Q8 ゴルフシューズはどんなところにこだわっていますか？

私の場合は、足の甲の横幅が狭く、甲の高さも低いので、よくある日本のメーカーの幅が広い3Eのシューズは合わないんです。なんかシューズの中で足が泳いでいるような感じがして（笑）。それで2Eとか幅の狭いシューズを履くようにしています。

練習場用のシューズは、別に用意しています。私は、かかと体重で遠心力を使って打つので、とくにフォロースウィングで左足のつま先が開こうとします。ですから、あまりグリップ力の強いシューズだと、つま先が開いてくれず、左ひざを痛める危険があるのです。それで、グリップ力があまり強くなく、また使っているうちにソールがツルツルになったようなシューズを我慢強く使っています。

注意しているのは、ラウンド用と練習場用のシューズは、ソールの高さを同じくらいのものを使うことです。そうしないと、練習場とラウンドとで、身長が変わってしまい、スウィングプレーンが変わってしまいますから。

9

Q グリーンエッジとラフの境目にボールが止まった場合、どう打つべきですか?

これは本当に難しいですよね。まずはパターで打つことを考えるべきでしょうけど、ボールの後ろの芝がどうしても邪魔になる場合は、ウェッジを使わざるを得ません。その場合、大事なのは、ボールに直接ヘッドを当てるようにヘッドを上から鋭角的に入れるのか、あるいはそれが難しい場合は、ラフにボールがあると思って手前の芝ごと打つのか、打つ前にしっかり決めてから打つことです。中途半端に打つと、大抵大きなミスになると思います。

ちなみに、以前、青木功プロと同組で回らせていただいたとき、青木さんは同じようなケースで、何度か3Wを使ってピタリと寄せていました。まさに「青木マジックここにあり!」です。

ただ、スタート前のアプローチ練習場で、青木さんが3Wで何十球もボールを転がされていたのも見ておりました。結局はそういうことなんですよね。

Q 10

「お先に」パットについて、どう思いますか？

「お先に」パットは、100パーセントの確率で入る短い距離だから先に入れようということだと思います。私はアマチュア時代、ごくまれに「お先に」のパットを外して後悔したため、プロになってから「お先に」パットはしなくなりました。外してしまうと、お金を捨てるのと同じですから（笑）。

100パーセント入るはずの短いパットでも、ストロークは慎重にしなければなりません。とくに注意したいのは、雨などでグリーンが濡れている場合と、L字型などの重心距離の長めのパターを使っている場合です。

グリーン面が濡れているとボールに砂や芝が付き、それがフェースと当たる部分に付着していると、ショートしてしまうばかりでなく、とんでもないことが起こることがあります。重心距離が長めのパターは、フェースバランスのパターに比べてフェースの向きが狂いやすいので、中途半端な体勢で打つとミスをする可能性があります。

また、普段のプライベートラウンドで、オッケーをよくもらっていると、それが癖になって、完全ホールアウトしないといけないラウンドで短いパットをナーバスに感じてしまうかもしれません。普段のラウンドでも、あやしい距離のパットは積極的にチャレンジしてください。そして、外れることが多々あるということを体験しておきましょう。

Q 11 いつも3パットをしてしまいます。いい練習方法を教えてください。

昔、私が距離が長めのパットでも直線的に強く打ちすぎるのを見かねたのか、試合の練習グリーンで兼本貴司プロから、「田村さん、距離を合わせるにはこういう練習もしたら」と練習法を勧められたことがあります。

それは、長いパットのときに、狙うカップを中心に半径80センチくらいの円を描いて、カップを意識せずにひたすらその円の中にボールを止める練習です。とくに曲がるラインでは、ライン取りを大きく膨らませる必要が出てきますが、その感覚もつかめると思います。糸でも用意しておけば、簡単に実践できると思いますよ。

Q12 アマチュアはよく、仲間同士で教え合ったりしますが、プロのあいだでも教え合うことはあるのでしょうか？

明らかにパッティングやアプローチが上手い選手はいますので、そういう選手には「教えて！」とかけ込むプロはいますね。

ただ練習ラウンドでアドバイスするとしたら、打ち方というよりはスウィングのリズムやアドレスについてですかね。一緒に回ることが多い仲間同士だと、リズムや構えの狂いはわかりやすいですから。

大抵が「いつもより速いよ」「前傾し過ぎてない!?」「ボールから離れすぎているように見える」というようなことですね。プロといえども、体調いかんで調子は変わりますから。

13

Q アマチュア時代とプロとでは心境に変化はありましたか？ また、プロになったきっかけはなんだったのでしょうか。

数年前に倉本昌弘プロから「タムちゃん、50歳になったらシニアツアーに来いよ、ただしプロとしてね。50歳でアマからプロに転向してシニアツアーで活躍する、日本の第1号を目指せ！」と言われたのが、プロテストを受けようと思ったきっかけです。

また、アマチュアで競技ゴルファーを長く続けていくうちに、ゴルフ界へのご恩返しをしたいという気持ちが強くなりました。ただ、アマチュアのままではそれにも限界を感じたことが、プロテストを受験する後押しにもなりました。

プロになってよかったことは、スウィング論やクラブのこと、また自分のこれまでの経験から得た思いや考え方を、メディアや講演などを通じてみなさんに自由にお伝えできるということです。もちろん、プロとして試合で成績を残せば賞金もついてくるので、それはそれでありがたいのですが、私は以前から勤めている会社への勤務もまだ続けています。

生意気な言い方かもしれませんが、少しでもゴルフ界にご恩返しができているとするならば、私がこの歳でプロになった意味もあったのかなあ、と思っています。

Q 14 スウィング中のチェックポイントをひとつに絞るとすれば、なにがいいですか?

ラウンド中にスウィングのことを考え過ぎると、わけがわからなくなりますよねぇ。プロゴルファーでも試合中にスウィングのことをあれこれ考えて、いい結果が出た人を見たことがありません。

私の場合、いったんテークバックを始動させたら、そのあとに自分でどうこうできるとは思えないため、コースはおろか練習場でも、スウィングのチェックポイントは基本的にはありません。

チェックするとしたら、アドレスの形です。自分で鏡などを使って確認し、修正することも可能でしょう。もしアドレスが「いいショットを打ち得ない」形になっていたのでは、その形でいくら練習しても意味がありません。

Q15 夏場のゴルフは体力消耗し、上がり3ホールくらいになると途端にスウィングのバランスが崩れます。なにかいい方法はないでしょうか？

これは難しい質問ですね。単純に体力がないのか、あるいは普段からバランスを崩しやすいスウィングをされているのか……。

まず体力的なことで言えば、睡眠をしっかりとり、食事は3食抜かないなど、やはり基本的な自己管理が重要だと思います。それ以外で、私が気を付けていることを挙げるとすれば、夏は強い日差しをなるべく避ける、ということでしょうか。紫外線を浴びると、疲れも増してしまいますので、日焼け止めクリームを使うのはもちろんですが、できれば日傘の使用をオススメします。

のどの渇きもそうですが、日に当たってなんだか疲れた気がする、と感じてからでは遅いのです。のどが渇いたと感じる前に水分をとる、日傘は日差しが強くなったと感じる前から差す、これが基本です。

またスウィング的に言えば、スウィング中に上下動したり、スウェイしたり、体が動きやすい人はやはり、体力の消耗が早いようです。体力がなくなると、一発当たればよく飛ぶこともあるかもしれませんが、平均的に飛ばすことは難しくなります。

そういう意味でも、コマのように回転する遠心力打法なら、その日の体力を長持ちさせるのはもちろんですが、ゴルフ寿命を長持ちさせることにもつながるはずです。

Q16 クラブ競技でのマッチプレーが苦手です。上手くいくコツはありますか?

マッチプレーは、必ず相手のことが見えてしまうところが難しいですよね。見たくなくても見えてしまう。ストロークプレーだと同組の相手と一騎打ちになることはありますが、別の組の見えない相手と争うことも多いですから。

私もマッチプレーが得意だったというわけではありませんが、ある選手との対戦がその後のマッチプレーの戦い方、というかゴルフ自体の考え方に大きな影響を与えたと言えます。

それは、2005年の日本アマの準決勝、韓国のキム・キョンテ選手との対戦です。

他の選手との対戦では、普通にやっていれば勝手に相手がミスをしてくれて、逆転勝ちしていましたが、キョンテだけはどうにもなりませんでした。

飛ぶとか上手いとかではなく、とにかく「心が動かない」のです。私がナイスショットをしようがミスをしようが、とにかく心が動かない。この動かない心が、マッチプレーでは必要になると思います。普段は本当に優しい好青年なのですが、ゴルフでは人が変わったように、鉄の心になります。

人の性格を急に変えることはできませんから、とくにマッチプレーでは、ときとして考えられないようなことが起こり得る、ということを肝に銘じることが必要かもしれません。たぶん、人生も同じでしょう。

Q17 私はOBになるのが嫌なので、白いティを絶対に使いません。田村さんもなにかゲン担ぎをしていますか?

同じですね！　私もOBが出そうで、白いティを絶対に使いません。とはいえ、黄色いティを使っているので、池は要注意です（笑）。

その他には、ゲン担ぎのようなことはしませんが、基本的にスコアがいいとか、状態のいいときはなるべく、「なにも替えない」ようにしています。

たとえば、少々汗をかいていても、グローブを替えないとか、ボールは1個で1ラウンド済ませるとか。逆にボギーが続いたりしたら、ボールやグローブを替えたりします。また、いいスコアが出たときに着ていたウェアは、次の試合でも最終日に着る、とか。カーナビで案内された道が遠回りでも、そのルートでいいスコアが出たら、翌日もその道を通るし、もしいいスコアが出たら翌日も同じものを食べるとか。

本当は、ゲン担ぎなんてしたくないですけど、結局は自分に自信がないからそうするような気もしています。早くゲン担ぎしなくて済むように、自信を持ちたいですね。

Q18 プロや上級者の方は、あえてグリーンを狙わず、わざと外して寄せワンを狙うこともあると聞きます。普通のアマチュアにも効果的な攻めですか?

私も以前は、そういう攻め方をしていた時期もありました。とくに日本オープンでは、そういう攻め方をせざるを得ない状況がよくありました。

しかし、結論から言うと、アマチュアの方がそういう攻め方をする必要はない、と思っています。その人のレベルや性格にもよるので一概には言えませんが、「それで楽しいですか?」と言いたいです。もちろん、届きもしないのに池越えを狙うとか、100パーセント無理、という状況でも攻めるのは無謀でしかないのでやめるべきですが、無謀でさえなければ普通に攻めていいのではないでしょうか（無謀な攻めをしているのに、無謀だと思っていない方が意外と多いのですが……）。

もちろん、失敗して大叩きするかもしれません。でも上手くいったときの気持ちのよさといったら格別なものでしょう。だいたいわざとそっちに外せるくらいなら、ちゃんと狙いましょう（笑）。

おわりに

本書『田村流「あきらめる」ゴルフ』を最後までお読みいただき、ありがとうございました。感想はいかがだったでしょうか?

私は、巷に出回っている他のレッスン書の類をほとんど読んだことがないのでよくわかりませんが、恐らく、いままで目や耳にされた内容とは違ったのではないでしょうか。

私はゴルフについて「残念ながらゴルフスウィングにこれといった正解はない、自分に合ったスウィングを見つける自分探しの旅」と思っています。そして本書は、レッスン書として書いたつもりはなく、みなさんがされる「自分探しの旅」の、少しでもヒントになればと思って書いたものです。

結局のところ、スウィングで直せるのはアドレスだけ、そしてスウィング中に意識できるのはせいぜい1か所くらいしかない、と思っています。ただし、それを実践するためには、「自分で考えること」が必要になってきます。その「考え方」さえ変えることができれば、とくに努力や苦労をしなくても、ゴルフが大きく変わる可能性があるのです。

これはゴルフに限ったことではないと思います。仕事にしても、人付き合いにしても、家庭生活にしても、その考え方を変えることによって、豊かで幸福なものにいか様にも変えられると思うのです。

私は、ゴルフスウィングに正解はない、と思っていますが、ゴルフについてはこれしかないという〝正解〟があると思っています。それは、「ゴルフは楽しむもの！」ということです。

私はいま、プロゴルファーになってしまいましたが、ちょうど3年前まではアマチュアゴルファーでした。アマチュアゴルファーはお金を払ってプレーするわけですから、楽しくなかったらゴルフをやる意味がありません。

ただ、ゴルフの楽しみ方は、とにかくドライバーで飛ばしたい、バーディが取りたい、家族とのコミュニケーションに使いたい、などなんでもよいのです。もちろんスコアがよいに越したことはないでしょうし、それを追及する楽しみ方もあるでしょう。

「ゴルフはどうやったら上手くなりますか?」と聞かれたら、私は「要らない情報を捨てること」と答えると思います。世の中には、いろいろな理論や考え方があって、頭が混乱している方も多いのではないでしょうか。もしかしたら本書も、その混乱に拍車をかけることになったのかもしれませんが、いままでの情報で要らないもの、また本書の情報で要らないものはどんどん捨ててください。

そして本書の中に、1つでも2つでも、読者の方に要る情報として残していただける情報があったとすれば、私が本書を書いた意義があったと思いますし、これほど嬉しいことはありません。

2016年8月吉日

プロゴルファー　田村尚之

田村 尚之（たむら・なおゆき）

プロゴルファー。ダイクレ所属。1964年、広島県生まれ。東京理科大学卒業。会社員ゴルファーとして長年アマチュアゴルフ界で活躍し、日本アマ23年連続出場、日本オープンローアマ（94年）、日本ミッドアマ2連覇（2002、03年）など数々のタイトルを獲得。アマチュア時代のハンディはプラス5.6。13年に49歳でプロテストを受け一発合格、プロ転向。14年にはシニアツアー参戦1年目にしてシード権を獲得し、15年シニアツアー賞金ランキング5位。現在も会社員とプロゴルファーを両立しツアーで活躍している。

田村流「あきらめる」ゴルフ

2016年8月25日　初版発行
2017年3月1日　3刷発行

著　　者　田村尚之
発 行 者　木村玄一
発 行 所　ゴルフダイジェスト社
〒105-8670　東京都港区新橋6-18-5
TEL 03（3432）4411（代表）　03（3431）3060（販売）
e-mail gbook@golf-digest.co.jp
URL http://www.golfdigest.co.jp/digest
書籍販売サイト「ゴルフポケット」で検索

印刷・製本　共同印刷株式会社

定価はカバーに表記してあります。乱丁、落丁の本がございましたら、
小社販売部までお送りください。送料本社負担でお取り替えいたします。

ISBN978-4-7728-4169-6 C2075